Lothar-Günther Buchheim

DIE TROPEN VON FELDAFING

Lothar-Günther Buchheim

DIE TROPEN VON FELDAFING

über das Sehen und das Malen

Nachwort von Herbert Pée

Buchheim Verlag, Feldafing

Dieses Buch erschien erstmals 1978 im Verlag R. Piper & Co.
Im Text ungekürzte Ausgabe

Umschlagabbildung:
Lothar-Günther Buchheim. „Der große Zweig".
Aquarell 1972
Herstellung: Druckerei Fritz Kriechbaumer, Taufkirchen
Buchheim Verlag, Feldafing
Printed in Germany · ISBN 3-7659-1050-3

„Planen, fixiertes Wollen, Vorsatz – nichts davon:
Ich bin Beute. Getrieben, vors Motiv geprügelt.
Ich könnte mich gar nicht widersetzen.
Hochgradig erregt, gefordert,
gehe ich mit meinem Malzeug wie zum Duell."

(Lothar-Günther Buchheim: übers Malen)

Die Pinselzeichnungen in diesem Buch sind der Ertrag einer Reise in die Südsee, die der Autor 1972 unternahm. Die Aquarelle entstanden in der Feldafinger Landschaft unmittelbar nach der Rückkehr von dieser Reise.

Rückkehr in die Feldafinger Tropen

Vom Zeitsprung, von langer Jetreise und von Tropenmalaisen erschöpft, gehe ich über den Feldafinger Golfplatz zum See hinab. Ich bin, nach einem halben Jahr Südsee und Pazifik, wieder in Bayern.
Mir verschlägt es den Atem: Der See blinkt quecksilbern. Ahornbüsche blowen auf wie Granateinschläge rings um bronzen leuchtendes Grün. Gelb, rot züngelnde Flammen bis hinab ans Wasser. Die große Buche ein einziges Feuer. Die Knorzeiche glost bräunlichrot. Schwarze Äste spießen wie verkohlte Dachsparren aus glühenden Büschen heraus – ein einziger Cinemascope-Breitwandbrand.

Die tiefstehende Sonne hat den ganzen Lennéschen Park auflodern lassen. Die Tropenlandschaft, nach

der ich auf Guam, auf Ponape vergeblich suchte – jetzt liegt sie vor mir: Feldafinger Tropen!
Ein Trupp tritt in der Ferne aus Baumschatten aufs Wiesengrün. Zuckerrohrarbeiter in ihren weißen Hosen, die Macheten wie Schwerter in den Händen. Der weißbehoste Trupp läßt die Macheten Sonnenblitze schießen. Auf kleinen Wägelchen schleppen andere ganze Machetenbündel hinter sich her. Jetzt bleibt der Trupp stehen. Ich stelle gegen die blendende Sonne die Augen scharf: Das sind keine Zuckerrohrschläger – das sind Golfspieler.
Ich bin nicht mehr in Zamboanga, ich bin ange-

kommen, eingeschwebt mit dem Silbervogel nach München-Riem. Gestern, vorgestern? Wann war das eigentlich?
Mir gerät alles durcheinander. Kein Zeitgefühl mehr. Dafür habe ich die Tropen noch im Blut. Tropenbilder im Hirn. Bisweilen ist mir, als hätte ich sie sogar noch auf der Netzhaut. Bin ich wirklich wieder daheim? Die Temperatur ist anders, angenehmer. Aber mir treibt es den Schweiß hervor, als rackerte ich mich noch in Samoa ab: Unrast, Spannung. Ich bin noch genauso verrückt wie in Ponape im Sakao-Rausch. Aber hier brauche ich die trübe Brühe aus den zerquetschten Wurzeln nicht. Der Föhn putscht mich auf.
Die Malreise durch die Tropen war wie ein einziger Langstreckenlauf, aber jetzt, in Feldafing, bin ich erst am Ziel. Auch meine Hand ist jetzt erst richtig gelockert. Ich bin wie erlöst, ich bin kein Lastenträger mehr. Das *omnia mea mecum porto* hat ein Ende. Ich schleppe mich nicht mehr wie ein homme d'orchestre mit Trompete, Pauke, Leierkasten und Schellenbaum durch die Gegend. Hier habe ich meine Siebensachen im Auto, dem uralten Kombi. Jetzt weiß ich, wohin mit den nassen Blättern. Auf der Ladefläche hinten kann ich sechs Stück ausbreiten. In Samoa wußte ich mir oft keinen Rat. An der Waterfront in Hongkong auch

nicht: Wie sollte ich, wenn das erste Blatt im Tropenregen nicht trocknen wollte, mit dem zweiten beginnen?

Jetzt, mit dem Blick über die Rasenhänge zum See hin, mit den brennenden Bäumen hier und dort, der Gebirgsarabeske dahinter, sehe ich Taiwan und Ponape und Voralpensee in einem. Wenn jetzt Kinder von Wasserzigeunern kämen und mir riesige Muscheln anböten und rote Korallen – mich würde es nicht wundern.

Ich staune, was das Herbstlicht vermag: Wie sich Farben gruppieren, bestätigen, steigern. Wie sich Formen zusammenfinden, wie sie korrespondieren, sich durchdringen, einander bedingen. Die Beleuchtung ändert sich alle paar Minuten. Und dieses wandelbare Licht muß ich mit meinem bißchen Farbkram bannen. Was für ein Unterfangen!

Ich spute mich wie noch nie. Mein Malbrett habe ich vor mir kniehoch auf der alten Gemüsesteige liegen (auf der ich eigentlich sitzen sollte), waagerecht, damit die naß gesetzte Farbe nicht nach unten weglaufen kann. Zum Malen brauche ich den ganzen Körper, nicht nur Auge und Hand. Ich lasse die Kniegelenke arbeiten, mache federnde Rückwärtsschritte, um mehr Abstand zu gewinnen, stelle mich auf die Zehen, beuge mich hinunter, weiche wieder zurück – Beinarbeit wie ein Boxer. Den rechten Arm lasse ich aus der Schulter heraus vor- und zurückgehen – ich arbeite mit Geraden und Haken. Den Handballen lege ich nicht auf, allenfalls, wenn es um die feineren Strukturen geht, die Kuppe des abgespreizten kleinen Fingers.

Eine Viertelstunde malen, und ich habe keinen trockenen Faden mehr am Leibe – genau wie auf Guam. Wenn ich den Kopf schüttele, fliegen mir die Tropfen nur so aus den Haaren.

Ich schleudere meinen Pinsel heftig aus, stupse ihn in das Näpfchen mit Kadmiumorange, lasse ihn über das Blatt zucken – mit gepreßtem Atem. Nun her mit der Tusche! Mein Kadmiumorange schreit nach Struktur.

Obwohl die Sonne noch hoch steht, trocknen die Farben nicht. Die Luft ist mit Feuchtigkeit überladen. Meine Malerei »schwimmt«. Ich muß heftige »Drucker« setzen, damit meine Formen nicht anämisch werden, aber auch aufpassen, daß meine Farben nicht im Schwarz ertrinken. Sonor, ja. Aber nicht unisono schwarz. Mein Tuschpinsel war zu voll, das Schwarz frißt mir die Farbe auf, es ist allemal stärker. Was tun? Ich habe keinen Stofffetzen, keinen Schwamm zur Hand. Da fahre ich –

wie ich es auf den Philippinen gelernt habe, als ich im Abenddämmern am Wasser die Farbe auch nicht halten konnte – mit der Zunge über das breitlaufende Schwarz hin. Ich lecke es auf und spucke mein schwarzes Maul in die grüne Wiese aus. So geht's. Und nun ein Zungenstrich noch hier – und noch einer da –, jetzt ist das Schwarz eingezingelt, jetzt rieselt es nur noch leise aus, und ich kann das Kadmiumorange wieder frisch hinsetzen. Ich nehme es ganz dick in den Pinsel, damit es das Grau, das vom fließenden Schwarz geblieben ist, überdeckt.
Diese Aufregung! Ob es gelingt? Immer die Herausforderung des weißen Blatts und die Angst, das Bild nicht bannen zu können. Die gleichen Muskelspannungen, Muskellockerungen, der gleiche Tanz im Ring wie noch vor einer Woche. Die gleichen halb erschöpften Attacken wie in den kurzen, von Licht prangenden Pausen zwischen zwei tropischen Regengüssen.

Ponape ist noch ganz deutlich da: Der Regenhimmel macht mir das Leben schwer, aber er treibt mich auch an. Ich muß jede Minute ohne Tropenregen nutzen. Ich kutschiere ein kleines Auto in halsbrecherischem Slalom zwischen tiefen Pfützen hindurch, während der Regen lärmend auf mein

Dach drischt, als wäre es Hagel. Plötzlich geht es nicht weiter. Die Furt durch den Fluß ist zu tief geworden. Ich starre durch die verschmierte Windschutzscheibe: vor mir ein von Erosion abgeflachter Vulkanberg, breit über die Ebene gelagert. Und jetzt setzt das Trommeln aus. Keine Regenblasen mehr auf dem Wasser. Dafür dampft alles.

Im Anblick der Herrlichkeit vor mir lade ich mich auf. Meine Tropenschlaffheit schwindet. Ich spüre, wie sich in mir alles spannt. Ich warte, starre, warte, bis ich es vor lauter innerem Druck kaum noch aushalte. Ich lasse meine Hände, während ich weiterstarre, die Papierfläche mit einem halbnassen Lappen anfeuchten, damit die Tusche schneller aus der Pinselspitze aufs Papier fließen kann, wenn es soweit ist. Noch zügele ich mich, halte den Atem an, schlage mir die Augen voll, schließe die Augen zu schmalen Sehschlitzen, so daß ich blinzelnd nur mehr die großen Formen sehe, während das Kleingefüge in den Flächen untergeht. Dabei wiege ich schon den Pinsel wie einen Taktstock. Ich suche die große tragende Form, erspüre die Konstruktions-Chiffren für mein Bild, lasse nun auch die Farbigkeit ganz in mich eindringen – und jetzt stoße ich den Pinsel in die Tuschflasche und ziehe mit angehaltenem Atem die ersten, in der Feuchte aus-

laufenden, auskräuselnden, ausblühenden Linien, auf die alles ankommt.
Angststau in der Kehle: Klappt es? Klappt es nicht?
Ich setze Strich, Tupfer, Haken, Zacken, wieder Strichlagen – und nun mit dem Pinsel ins satte Violett für das Stück Schlängelweg vor mir, Violett, wie es aus dem Napf kommt. Dann scharfes Grün, blaues Grün, fast schwarzes Grün, Blauschwarz für das zerfetzte Gewölk, Preußischblau für den Berg. Ich lasse das mit einer Spur Schwarz gebrochene Preußischblau mein Bild dominieren, lasse es mit den lockeren Blattknäueln und graugrünen Blattlanzen im Vordergrund in Kommunikation treten: Ich will das Lastende, Beherrschende dieser großen Form packen, diesen Vulkanberg zum Sinnbild der Tektonik der Insel Ponape machen ...

Ich spüre, daß ich Glück habe, daß auch diesmal die Konzentration durchhält. Kein Mensch ringsum, der mich stören könnte. Der See hinter dem Gitterwerk halb entlaubter Buchen, die Rieseneiche, die noch ihre ganze Blättertracht hat, das fast preußischblau dunkle Ostufer, die kobaltblaue Gebirgsarabeske – Tuschstriche und Farbflecke, Farbnässe über das Strichgitter hin, fließende Tusche mitten in die halbtrockene Farbe hinein.

Als ich das Blatt vom Brett löse, bin ich erschöpft und zufrieden. Doch ich kann mir noch keine Ruhe gönnen. Der Föhn pocht allzu heftig im Blut. Nur durch Malen kann ich mich von meiner Spannung befreien.

Nach dem zweiten Blatt bin ich völlig durchgeschwitzt. Ich fahre halsbrecherisch schnell nach Hause, wechsele in aller Eile das Hemd, brause wieder los – hundert Bilder im Kopf, die ich im Vorüberfahren vom Seeufer hoch erhaschte. Wo soll ich nur beginnen? Die graublau verwaschenen, durchlöcherten Föhnwolken werden jetzt vom warmen Wind in Bewegung gebracht: Der Lichteinfall verändert sich unablässig. Was eben noch in kühlem Schatten lag, leuchtet auf einmal warm auf. Die Lichtgewalt hetzt mich noch mehr. Wieder rinnt mir Schweiß den Rücken hinab ... Nach dem vierten Bild ist mir übel. Ich spüre es wie eine Warnung in mir. Statt nach Hause fahre ich zum Pöckinger Arzt. Der Doktor ist bestürzt über meine Atemlosigkeit. Ich jachtere wie ein Jagdhund, bin pitschnaß. Was um Himmels willen ich getan hätte, will der Doktor wissen.
»Ich habe gemalt!« – »Gemalt?«
Der Doktor kann es nicht begreifen. Er gibt mir eine Strophantin-Spritze. Ich soll mich hinlegen.

Am Abend ist mir besser. Ich male ein fünftes Bild – das stärkste von allen.

Aber in der Nacht kann ich vor fiebriger Erregung nicht schlafen ... Ob ich in den Tropen nicht doch etwas abbekommen habe? Malaria? Diese Weltfahrt war keine Vergnügungsreise. Sie war nie als solche gedacht, eher als eine Art Bewährungsprobe. Wenige Wochen vorher wäre ich fast über den Jordan gegangen, bald nachdem man mir im Tutzinger Krankenhaus ein neues Hüftgelenk aus Kobaltstahl eingesetzt hatte: Lungenembolie.
Kaum war ich irgendwo angekommen, stand schon ein neuer Aufbruch bevor. Mein Dasein war von Flugplänen und Platzreservierungen reglementiert. Im Grunde ging alles viel zu schnell, war das Leben zu schwierig: Meine Ersatzfarben schimmelten, mein Papier bekam Stockflecken, meine Medikamente buken zu einem großen Klumpen zusammen. Meine guten Schuhe waren auch verschimmelt. Alles schimmelte. Es fehlte nur noch, daß Termiten mein Papier anfraßen. Eine Flasche mit kostbarer Tusche war mir schon in San Francisco ausgelaufen und hatte meine leichte Jakke und zwei Hemden verdorben. Die Natur reduzierte mein Gepäck. Sie erzog mich zum einfachen Leben, indem sie meine Sachen verderben ließ.

Ich wurde nach und nach zum richtigen Globetrotter.

Diese Reise war ein einziger aberwitziger Marathonlauf: Ponape, Papetee, Taiwan, Samoa, Guam ... Ich bin von einer Insel auf die andere gehetzt und von einem Tropenhospital ins andere transportiert worden, mit den üblichen Malaisen: Dysenterie, Erschöpfung – und dazu die Hüfte.
Trotzdem habe ich gemalt wie ein Verrückter und so viele Bilder eingeheimst, wie es eben ging. Aber ich habe dabei oft gespürt: Das ist es noch nicht ganz – zu viel Ethnographie! Noch nicht das, was ich wirklich machen will. Auch die Natur bot nicht, was ich erwartete. Überall strotzend geiles Grün, nur ab und zu eine rote Blüte dazwischen, die die Eingeborenen Beefsteak-Blume nennen. Das allzu viele Chlorophyll erinnerte mich an den Feldafinger Sommer. Der Sommer mit seinem Grün in Grün war nie meine Zeit. Ihn suchte ich in den Tropen zuallerletzt. Erst jetzt, aus den Tropen zurück, finde ich, was ich all die Monate suchte, jetzt, im Feldafinger Herbst, bin ich am Ziel: Hier sind *meine* Tropen.
Plötzlich diese ungeheure Farbenpracht, dieses Aufzüngeln brennender Büsche, brennender Bäume, der rote Ahorn, die orangefarbenen Kasta-

nienrosetten, die roten Buchen und die Eichen, die in herrlichem Englischrot prangen, die weißgrünen Wiesen, die Golfrasen zum See hin. Das ist die Farbigkeit, die ich auf der Reise gesucht hatte.
Hier in Feldafing geht das Malen eigentlich erst los. Ich male weiter, ohne jeden Übergang, erschöpft und fiebrig noch von den Tropen her. Aber hier brauche ich weniger Kraft, hier ist mir alles vertraut, tausendmal gesehen, tausendmal im Wandel beobachtet. Die Landschaft selber hat mich als Heimkehrer aufgenommen.
Jetzt erst spüre ich ganz, wie fremd mir die Formen der tropischen Landschaft waren, wie mühsam das Suchen nach Kürzeln, nach graphischen Chiffren. Die Palmen waren meine ärgsten Widersacher. Ich versuchte hartnäckig, ihnen auf die Spur zu kommen, sie in meine Zeichen umzusetzen. Schön sind an ihnen nur die Stämme – bei den alten Palmen gewaltige rissige Elefantenrüssel, bei den jüngeren glatte Schäfte riesiger, aus einer dikken Knolle hochtreibender Pilze. Die Blattwedel aber machten mir zu schaffen, wenn sie als Silhouette gegen den Himmel standen, nicht eingingen in eine größere, beherrschende Form. Ständig mußte ich mich hüten, kleinlich zu malen, mich an das Bizarre der Kämme, Fransen, der hochspießenden Spitzen und Überschneidungen zu verlieren, an

das Dekorative: Die Palmen fügten sich allzuleicht ins Ornament, boten sich als Zierat an. Die niedrigen Palmen, deren gefiederte Blattlanzen wie grüne Fontänen hochspritzen, waren mir die liebsten, oder die Bananenstauden mit ihrer wuchernden grünen Kraft und prallen Üppigkeit. Aber eine ordinäre Palme im Wind, naturalistisch nachgezeichnet, sieht eben aus wie ein vergammelter Staubwedel und eine Palme neben der anderen wie eine Kolonne falsch herum in die Erde gesteckter Besen: Da weht kein Wind, da knistert kein trockenes Palmblatt. Ich mußte ständig umsetzen, ohne Kanon, in freier Improvisation meine eigenen Palmen schaffen.

Hier hat jeder Baum seine eigene Gestalt. Die großartige strukturelle Schönheit, die Kraft und die Gestik ergreifen mich. Eine Eberesche sieht ganz anders aus als eine Eiche, anders als eine Buche, eine Platane, eine Kastanie.

Das hier – das ist meine Landschaft: das Urstromtal, das sich mit seinen Seitenmoränen vom Hochgebirge her mit dem Dorf Traubing am rechten Ufer nach Norden zieht und den Maisinger See bildet. Und zugleich sind die Buchenwälder auf den Moränenhügeln, die Mischwälder, die Sumpflöcher, die verlandeten Teiche, die Polsterwiesen – *meine Tropen.* Der Bach, der durch meinen Garten fließt, ist mein Amazonas, die Blattrosette einer Kastanie strahlt in tropischer Pracht. Die Schilflanzetten am Bachufer, das heimische Pfeifenrohr: mein Bambus. Diese ungeheuer wild und üppig wachsenden Heracleen, die noch jeder für Tropenpflanzen hielt wegen ihrer quadratmetergroßen Blätter und den riesigen Blütenständen – sie sind sogar so giftig, wie es sonst nur Tropenpflanzen sind: Man braucht sie nur zu berühren und verbrennt sich die Haut.

Ich frage mich: Was hat mich an den Tropen eigentlich so enttäuscht? Es muß der ewig gleiche Zustand, das Statische gewesen sein. Dynamik bringt nur der Himmel ins Bild. Die Sonnenaufgänge und Sonnenuntergänge sind von überwältigender Pracht. Aber das Grün bleibt grün, bleibt es das ganze Jahr hindurch. Und auch das Wetter ist immer das gleiche. Nur hin und wieder schlägt ein heftiger Guß herab. Er bringt aber keine Kühlung. Man schwitzt in der Feuchtigkeit nur noch mehr und sehnt sich nach dem Wechsel der Jahreszeiten zu Hause. Erst auf der anderen Seite der Welt und in Äquatornähe weiß man, wie gut es sich in den gemäßigten Zonen leben läßt: Jetzt, im Herbst, spüre ich schon den Winter, dann, wenn der Winter da ist, weiß ich, daß unter dem Schnee schon die Knospen dicker werden, um im Frühjahr aufzuspringen, und daß das Frühjahr schon den Sommer ankündigt und im Sommer schon wieder der Vorgeschmack des Herbstes sein wird.

Nach einem verschneiten Wald habe ich mich in Zamboanga am meisten gesehnt. Hier verwünsche ich oft das heimische Wetter: dieser verdammte Nebel! Dieser verdammte Nieselregen! Diese niederträchtig klamme Atmosphäre! Dort aber habe ich oft von Nebel und kühlem Nieselregen geträumt. Ich habe es mir richtig diesig, dumpf, klamm und feucht gewünscht, mit einer Temperatur um null Grad herum. Und auch nach dem Ablauf der Spätherbsttage hierzulande habe ich mich gesehnt: frühmorgens Reif. Die Kälte hat während der Nacht die letzten Blätter von den Bäumen gepflückt. Und nun hebt sich aus den leichten Nebelschwaden eine milchig weiße Sonne, eine japanische Sonne. Und später fließt zu jeder Stunde des Tages ein anderes Licht über die Landschaft hin und fügt ihr ein erregend dynamisches Element hinzu. In den Tropen wußte ich nach dem Sonnenaufgang: Jetzt ist es hell, jetzt bleibt es hell, höchstens, daß ein schneller Regenguß kommt.

Ein spätes Gewitter braut sich zusammen. Ich werde schier verrückt vor lauter Spannung. Der Donner macht den Himmel zum Kalbfell, auf dem mit zugspitzgroßen Brocken gewürfelt wird – so hat man mir als Kind den Donner erklärt. Jetzt noch ist die Erklärung glaubhaft: Ich bin winzig klein in der Riesentrommel. Große Brocken und kleinere werden von hoch oben herab auf ihr Fell gestürzt, daß es nur so dröhnt und poltert und prasselt. Echo – Nachhall – Tumult. Der Wind riffelt das Wasser des Tümpels und wirft sich in den Schilfsaum. Er wälzt sich darin herum, sielt sich wie eine wilde Sau. Der Turm von Andechs gleißt auf, von der tiefen Sonne angestrahlt. Die ersten Riesentropfen fallen und bilden Einschlagringe auf dem Wasser – so groß, als wären Fische gesprungen.

Plötzlich sind es keine Tropfen mehr: Es hagelt. Verdammter Hagel! (Herrschaftszeiten – der Hagel hat mir schon genug kaputtgemacht!)

Als ich ins Haus hasten will, schlägt der Blitz in eine Fichte am Waldrand. Die weiße Explosion, das Krachen erschreckt mich so sehr, daß ich taumele. Habe ich nicht auch ein scharfes Zischen gehört? Die große Fichte ist von oben bis unten zerspellt. Ungute Erinnerung: In der Normandie damals mußte ich beim Zeichnen höllisch achtgeben. Allzuleicht vergaß ich selbstversunken den Ort. Plötzlich pfiff, rauschte und dröhnte es dann: Ein feindlicher Jagdflieger hatte zwischen den Obstbäumen meinen weißen Block erspäht. Wo war das? Ich versuche mich an die Ortsnamen zu erinnern. – Am Abend finde ich die Zeichnung: Bénesville steht darauf – die Alliierten waren gelandet.

Die Bilder, die ich heute gemalt habe, interessieren mich schon nicht mehr. Sie kommen ins Fach mit dem Schild »Feldafing«. Bald muß ich mir einen neuen Schrank, neue Regale machen lassen.

Mein Urwaldgarten

In der Birke neben meinem Atelier hängen dicke, kompliziert verschlungene Lianen. Es ist Waldrebe – Polygonum. »Judenstrick« nennen sie die Buben. Aus den dünneren Schnüren brechen sie sich Stücke, zünden sie an und rauchen sie unten am Bach, in der Hocke kauernd, wie Zigaretten.
Als mein Sohn noch klein war, war das Judenstrickrauchen groß in Mode. Und das »Ratzenjagen«. Mit Knüppeln und Steinen, mit allem möglichen Schlag- und Wurfgerät, lauerte die Bubenbande den Bachratten auf, erlegte aber nie eine.
Dafür wußte mein Sohn Yves von einer Bisamratte von Wolfsgröße mit roten Augen zu erzählen. Für ihn war der Morast am Starzenbach ein von angsteinflößenden Ungeheuern belebter Urwaldsumpf.

Wenn ich unsere vier Schildkröten bei ihrem Gartenauslauf bewachen muß, strecke ich mich lang auf den Boden und drücke eine Wange fest ins Gras. Die älteste setzt sich in Bewegung, kommt direkt auf mich zu. Ich sehe eine graue, schuppige Riesenechse mit einem Schlangenkopf, der mich aus wimpernlosen Augen durch Riesenschachtelhalme hindurch anstarrt. Ihr Panzer ist groß wie ein Volkswagen. So schiebt sie sich langsam – im ersten Gang – heran, unbeirrt von den Barrikaden aus eingedröseltem trockenem Laub, arbeitet sich durch die Grasverhaue meines tropischen Gartens: Sie will hinunter zum Bach, meinem Amazonas.

Ob wir mit Schießpulver düngten, hat man mich schon ein paar Mal gefragt – so üppig schießt hier alles ins Kraut. Dabei hat nur eine Selektion stattgefunden: Das mühevoll Gezüchtete, nicht Bodenständige ist nach und nach weggeblieben. Alles Blaue – außer dem Rittersporn – ist wieder verschwunden. Dafür starrt der Garten im Herbst von Gelb. Neben den strotzenden Büschen der hier riesenwüchsigen Rudbeckia bestimmt die ordinäre Goldrute, genauso strotzend, das Gartenbild. Sie hat sich auch beide Hänge der Bahnschlucht erobert. Eine Lektorin, die eben noch in der Stadt eine Mark pro Stengel bezahlt hat, kann die gelbe Flut in diesem gelb rauschenden Cañon nicht fassen: für gut und gerne zehntausend Mark Goldrute!

Von meinem Atelier aus blicke ich nach Nordwesten und damit direkt auf die der Sonne zugekehrten Blattfinger eines Kastanienbusches: Gelb! Sattes, prangendes Gelb! Damit die Kastanie, die sich selber auf dem Hang unter dem Atelier angesiedelt hat, nicht zu hoch wuchs, habe ich sie immer wieder gekappt. So ist sie zum Kastanienbusch geworden, der gegen die Sonne exotisch kostbar leuchtet.

Um den Busch herum sprießen die schmalen Blattlanzetten wilder Iris. Die Iris müßte eigentlich unten am Bach stehen. Sie könnte an dem halbtags voll in der Sonne liegenden Hang nicht gedeihen, hat man mir gesagt. Sie tut es aber doch und dringt sogar gegen die Ligusterbüsche und die rote Berberitze vor.

In eine japanische Vase auf dem Tisch vor mir habe ich »Pumpesel« gestellt. Ich habe die braunen Kolben schon im vorigen Herbst am Moortümpel geschnitten. Dazu kommt der verdorrte Blütenstand eines Heracleums, der einer phantastischen Leuchterrossette gleicht oder dem plastischen Abbild einer krepierenden Feuerwerksrakete von der besonders preziosen Art, die torkelnd hochsteigt, dann Feuerstrahlen schießt, aus deren Enden sich wieder mit heftigem Knall Strahlen entfalten.

Mein Garten ist tropisch: geil strotzend, wie ich kaum einen anderen kenne. Am liebsten würde ich immer neue Gärten anlegen. Keine Anlagen mit Zierbeeten, sondern genauso kunstvoll verwilderte wie diesen hier.

Manche Leute denken, mein Garten sei einfach verwahrlost; ich hätte nicht viel an ihm getan. Weit gefehlt! Es ist eben keine sich selbst überlassene Wildnis, in der ich zugange bin, sondern eine raffiniert »frisierte« Scheinwildnis – so wie es kunstvoll verwilderte Frisuren gibt. Immer wieder muß etwas herausgenommen werden, muß neu gepflanzt werden. Einen solchen wild aussehenden Garten zu zähmen, ihn in einem bestimmten Zustand zu erhalten, ist viel schwieriger, als einen ordentlichen, aufgeräumten Garten zu pflegen.

Ich würde mich, wenn ich mich mehr mit der Hortikultur beschäftigen könnte, »Gartenplastiker« nennen, weil mein Garten dreidimensional ist – also nicht eine Aneinanderreihung von Beeten und Wegen und Rasenflächen. Wohlplazierte Gruppen von Büschen und Baumwipfeln in mehreren Etagen bestimmen sein Bild.

So, wie der Garten jetzt ist – in dieser Herbststimmung und mit dem Gestrüpp verblühter Stauden, das ich noch nicht wegnehme, weil ich es im Winter reifbedeckt vor dem Fenster haben will –, so sehe ich ihn am liebsten. Wenn diese Umbrafarben, diese Sepiatöne, diese ganz verschiedenen Brauns bis hin zum Paynesgrau in den Garten Einzug gehalten haben, wenn die morgendlichen kalten Grüns hinzukommen, wenn gar noch Tau an den Gräsern hängt und die Wiese aussieht, als hätte es schon geschneit, ist der Garten ein Album aus tausend Bildern. Auch neue Formen beschert der Garten jetzt: Man muß bloß mal so einen vom Föhnwind zusammengewehten Laubhaufen genauer ins Auge fassen. Was gibt es da nicht alles an Gekräuseltem, bizarr Verdrehtem, Zerfranstem, Gezacktem! Und was ist ein einziger Goldrutenstengel für eine Pracht! Die Blätter hängen braun wie Tabak herab, aber oben ragen die Blütenstände mit merkwürdigem Ockergrau in den föhnblauen Himmel. Es wird nicht mehr lange dauern, bis anstatt der Blaumeisen, die sich jetzt an ihrem Samen delektieren, winzige Reifkristalle in den Goldruten hängen.

Das Moor – uhrglasförmig gewölbt – ist ein Hochmoor. Es wird nicht mehr abgebaut. Ich stelle mir

Bangkok
Floating market

vor, daß ich eine Moorleiche finde. Eine Moorleiche aus dem Dachauer Moos ist in der prähistorischen Sammlung in München ausgestellt: ein Mädchen mit dicken blonden Zöpfen. Das Gesicht wie ein Holzkloben, in den die Züge erst noch eingeschnitten werden müssen, das Haar aber ganz natur, fein geflochten – in fünf, nicht in drei Strängen wie bei meinen Klassenkameradinnen.

Auf einem Baumstumpf mitten im übermannshohen Sumpfgras am Moortümpel niedergehockt, blättere ich modrige Rindenfetzen ab. Graue Asseln, die aussehen wie von Japanern kleingezüchtete Urzeitechsen, schusseln ins Dunkle weg. Ich spinne, mit windgezausten Graswedeln über mir, Kindertropenträume fort: Damals, im sächsischen Rochlitz, war die Mulde mein Amazonas. Jetzt habe ich Bilder von echten Mangrovensümpfen im Hirn, und der brackig gestaute, torfbraune Zulauf zum Teich ist wilder tropischer Sumpf. Alles verquickt sich: Träume von einst, die Bilder aus den Tropen und der Anblick hier. Im Dämmerlicht wird die Landschaft dämonisch und bedrohlich. Mein Wiesentümpel, den ich schon an die hundertmal gemalt habe, schimmert verwunschen. Im halben Dunkel wird er zur Kulisse für Mord und Totschlag.

Ich bin froh darüber, daß ich am Bachhang ein neues Stück Erde urbar machen kann. Ich freue mich über den noch rohen Hang: Ich will ihn in einen neuen Garten verwandeln – Landschaft machen wie der liebe Gott. Wenn ich alt bin und nicht mehr krauchen mag, kann ich dann direkt vorm Haus malen, wie Monet seine Wasserrosentümpel und japanischen Brücken malte. Ich habe dann statt Japonaiserie das alte Wehr vor Augen, den Schuppen mit dem schwarzen Teerpappedach, die gelbgestrichene alte Fabrik, die früher die Kraft aus meinem Bach holte.
Der neue Garten soll ein Terrassengarten werden: Ich will wieder mal »land art« machen. Der Denklochbohrer, der in Kassel soviel Aufhebens um seinen Erdkilometer machte, könnte mir helfen – ein paar Löcher für neue Zaunpfähle bohren ...

Zeit zum Bäumefällen. Eine Weißbuche muß dran glauben, obwohl der Gärtner mir mit bewegten Worten beibrachte, Weißbuchen seien so selten, daß man sie schonen müßte, gleich, wo sie stünden.
Über die Weißbuche denke ich seit Monaten nach. Ich umschlich sie, faßte sie von allen Seiten ins Auge, nur um immer wieder zu sehen: Sie steht

falsch – mitten im Garten. Sie wird, je größer sie wird, immer falscher stehen.
Ich werde mir einen alten Wunsch erfüllen und endlich bildhauern, aus dem Weißbuchenstamm eine Figur machen. Mit diesem Gedanken wird es mir leichter, die Weißbuche zu fällen.

Ohne den Garten wäre ich längst geplatzt. Ich brauche die schwere Arbeit, die er mir abfordert. Am liebsten arbeite ich mich mit der langstieligen Axt aus. Allein schon dieses kanadische Produkt in der Hand auszuwiegen ist ein Genuß. Mit meiner Axt bewaffnet, bekomme ich einen Anflug von Gewalttätigkeit – das ist eben kein Garten für die schöne Gärtnerin.
Ich rackere mich gern richtig ab, schufte am liebsten, bis meine Muskeln schmerzen. Wenn ich richtig in Schweiß bin, fühle ich mich erst wohl. Jetzt wollen die Knochen freilich oft nicht mehr richtig. Um es mir leichter zu machen, habe ich eine Motorkettensäge angeschafft, ein lebensgefährliches knatterndes Ding. Ich muß auf meine Beine aufpassen und mich hüten, daß ich, weil das Stammsägen mit dieser Krawallmaschine so leicht geworden ist, nicht zu viele Bäume umlege.

Beim Bäumefällen bin ich vorsichtig und mißtrauisch. Das kommt davon, daß mich einmal ein Baum erschlagen wollte, und zwar auf eine so hundsföttisch hinterhältige Art, die selbst alten Holzfällern, wenn ich sie ihnen schildere, noch Respekt abnötigt – vor diesem tückischen Baum und meinem Glück.

»Du gehörst zugespitzt und in den Boden gerammt«, »du auch!« tönten wir – ich und mein Sohn –, von der strapazierenden Arbeit animiert. Dann schlug mich der Baum, mit seinem dicken Ende über eine Hangkante zurückfedernd, tatsächlich in den Boden. Zum Glück war der am Steilhang modrig – viel verfaultes Laub und verrottete Zweige. Deshalb, und weil Sohn Yves mich am Kragen erwischte, ehe ich betäubt in den Bach fallen konnte, kam ich davon. Später kratzte ich versteckten Schnee zusammen für Kompressen und tat so, als wäre nichts.

Wir haben es geschafft, vier große Bäume so zu fällen, daß sie eine Brücke über meinen Bach bilden. Welche Genugtuung, wenn die Bäume so fallen, wie ich es im Sinn hatte – genau an die richtige Stelle kalkuliert.

Die Rüster im Hof hat ihre Blätter in einer einzigen Nacht fallen lassen und einen braunen Teppich

auf den Kies gebreitet. Wenn ich morgens auf dem Klo hocke, bossele ich schon an Haikus über den Blätterfall.
Bald werden die Blätter nur mehr brauner Matsch sein. Wir haben dieses Jahr keine Zeit, sie gleich nach dem Fall zusammenzuharken.
Die Heracleen sind verschwunden. Ich habe sie mit einem philippinischen Schwert abgeschlagen. Vom Ästehaufen, wo sie liegen, kommen Raubtiergerüche: Die flachen Samen sind es, die so scharf riechen.
Die Wildenten, die voriges Jahr auf dem Bach gründelten, sind wieder da. Äste, die beim Bäumefällen in den Bach gestürzt sind, haben die Blätterfracht, die der Bach mit sich führt, aufgestaut. Zwischen den Goldtalerblättern schwimmen die Wildenten: ein Stück Monet, aber von Klimt gemalt – soviel schieres Gold gibt es nur bei ihm. – Ich mache mit Daumen und Zeigefinger beider Hände eine Ausschnittblende, schiebe sie hierhin, dorthin! Der Erdhang ist im Gegenlicht ganz blau. Die Sonne verfängt sich im Blattwerk, schwarze Äste finden für ihre Spiegelungen ein paar Meter Platz zwischen den Klimtschen Goldtalern.
Eine Wildente fettet Federn in ihrem linken Flügel. Wenn sie sich nicht bewegte, würde ich sie gar nicht erkennen. Wo ist nur der Erpel geblieben?

Ich hocke still am Bachhang, und die Augen gehen mir über ...
Um die bleiche Sichel des zunehmenden Mondes, der zu dieser Nachmittagsstunde schon am kobaltenen Himmel steht, schwimmen ein paar schleierschwänzige Föhnwolken. Und jetzt zieht eine unsichtbare Hand von Osten nach Westen einen rosafarbenen, leuchtenden Strich quer über den Himmel. Die Düsenmaschine ist so weit weg und so hoch, daß ich sie mit bloßem Auge nicht erkenne. Der Strich bleibt stehen, quillt auf und tönt sich röter, während der Mond Silberglanz gewinnt. Allmählich dröselt sich der Strich auf, wird fadenscheinig, aber da wird von Westen her – in Gegenrichtung – ein neuer durch den Himmel gezogen, und als der schwächer wird, ein dritter.
Plötzlich ist ein merkwürdiger, nie gehörter Lärm in der Luft. Durch das Blätterraster über mir ziehen Wildgänse – zwanzig Meter hoch und in Keilformation. Ich zähle vierzehn Gänse. »... mit schrillem Schrei ...«? – Nein: Das war eher ein Knarzen, Ächzen, Fiepen – ein ganzes Gemisch rauher Geräusche.

Flamboyanter Herbst

Über dem Urstromtal ist großes Wolkentheater. Die Sonne steht noch hoch. Aber sie ist von stahlgrauen Wolken verdeckt. Die Wolken formieren sich zu Blenden, die das Sonnenlicht in vier, fünf Scheinwerferbahnen über die Weiden hinlenken. Aus dem dumpfgrünen Uni leuchten vier, fünf giftgrüne Inseln auf. Die Kühe lassen sich nicht stören, wenn das Himmelslicht sie trifft.
Ich fahre durch frische Kuhfladen. Das quatscht und schmatzt und macht mich quietschvergnügt. Genau visierend nehme ich Fladen nach Fladen unter die Räder. Die Maisfelder sind schon abgeerntet. Die Maschinen haben eine Menge pralle Kolben verloren. Kaum zu glauben, daß kein Mensch sie aufsammelt. Vor einer Woche sah es hier noch aus wie in Ungarn oder Rumänien: ein

Maisfeld am anderen – wie dem guten alten Nikita Sergejewitsch Chruschtschow zu Ehren, der den Mais »Wurst am Stiel« nannte.
Die Straße nach Andechs ist ein einziger gelborangener Ahornbrand. Mit meinen kärglichen Mitteln könnte ich diesen flammenden Prunk nicht wiedergeben. Ich müßte denn meine Bilder mit einer starken Lampe von hinten durchleuchten. Da fahre ich lieber weiter – mit einem schrillen Orangesirren im Ohr.
Der Farbwechsel eines grünen Baumes zum Flammenfanal ist für mich ein Wunder. Ich kann es sowenig fassen wie die Wandlung der Hostie zum Leib Christi.
Wie schon oft, wenn ich mutterseelenallein in der Landschaft zwischen Traubing und Andechs hockte, kommt mich das Gefühl an, ich sei der einzige Mensch auf dem Globus – Baum und Strauch und Moränenhügel existieren nicht, ich erschaffe sie erst mit meinem Hinblicken, nur in meinen Augen gewinnen sie Existenz.

Zurück im Dorf. Eine Wand aus wildem Wein: lachsrot, purpurrot. »Lodernder Wahnsinn«, denke ich. Nicht zu fassen. Ein Blatt, zwei davon – aber nicht eine ganze Wand voll.
Ich zoome mit meinen Augen, stelle den Hausgie-

bel über der Schlucht scharf, verfolge die blinkenden Bahngleise bis hin zur Krümmung. Der Anblick ist gewaltig und anheimelnd zugleich.
Ich bin froh, daß ich mitten im Ort wohne, unter Menschen, Nachbarn, froh auch, die Bahn so dicht nebenan zu haben. Die feinen Leute an der Elbchaussee mit den Dampfern vor dem Haus machen mir gar keinen Eindruck. Ich habe die Eisenbahn! Und Rhododendron? Ich habe dafür brennende Dornbüsche vorm Haus.

Es gibt jetzt allabendlich wahre Rotorgien. Über der Bahnschlucht nimmt der Himmel gegen halb sechs Uhr das Rosarot von Himbeershake an. Der backsteinrote Bahnhof verdunkelt sich zur rotschwarzen Masse, genauso dunkel wie das Schwarzrot der Blutbuchen. Die Essigbäume heben sich als rote Flammenzeichen von der Ziegelmauer des Bahnhofs ab.
Nun brennen rote Berberitzenbüsche im letzten Gegenlicht auf, und von links züngeln ein paar Blutbuchenäste ins Bild: schier zuviel des Roten.
Der zweite Bürgermeister steht mitten auf der Straße, seinen Sepplhut mit dem schäbig kleinen Gamsbart im Genick. Als ginge es ihm darum, auch sein Teil zur Orgie beizutragen, hält er eine rote Fahne in der Hand. Der Anblick lächert mich

sehr: der Baldachinträger bei den Prozessionen mit einer roten Fahne! – Ich sehe, wie ich grinsend an ihm vorbeitrolle, daß Laub am Straßenrand offiziell zusammengeharkt wird. Die Stelle ist, weil die Straße über einen Buckel führt, unübersichtlich. Deshalb also hat er sich mit seiner roten Fahne hingestellt. Gleich geht's mir noch besser, und ich singe vor mich hin: »Brüder, zur Freiheit, zur Sonne, kauft euch den Priem im Konsum ...«
Ich lese einen Strauß aus gelborangen Ahornblättern zusammen. Die Straße ist so dicht bedeckt davon, als hätte sich ein riesiges Füllhorn mit Gelborange hier ergossen. Auch diese Überfülle ist zuviel fürs Auge – ich muß mich an die zwei Dutzend Blätter in meinen Händen halten, um diese exotische Pracht fassen zu können. Das Rot am Himmel überhaucht jetzt auch meinen Blätterstrauß rötlich. Die Blätter haben alle ein paar

schwarze Flecken – wie absichtsvoll aufgesprenkelt, damit ihre Farbschönheit noch deutlicher wird.
Die Rottönungen verblassen schnell. Noch fünf Minuten, und es ist nicht mehr vorstellbar, wie hier eben noch alles glühte. Umbras, Graus, verschiedene Brauns bestimmen wieder das Bild. Aber auch sie lassen nach, nicht so schnell zwar, wie die Rots – mählicher, aber bald fließen alle Töne in jenes Grau ein, das ich gewinne, wenn ich im Farbkasten sämtliche Grundfarben vermische.

In den mächtigen Ahorn im Nachbargarten fällt jetzt ein schwarzer Rabe ein. Äste schwanken, Blätter torkeln herab, eins läßt sich auf dem Bachtümpel nieder – jetzt erreicht es der Wind und treibt es quer übers Wasser. Was will das Blatt noch mehr – in der Luft schweben, auf dem Wasser segeln ...

Die Schatten der großen Bäume sind jetzt schon mittags um zwei Uhr unendlich lang. Wenn diese Schatten, statt im Gestrüpp zu zerbröckeln, auf eine Ebene fielen, wären sie glatt hundert Meter lang.
Ich stelle mich so, daß ich in die Sonne blicke – ich kann es mit bloßen Augen ungestraft tun –, und

male die grauschwarzen Buchenstämme vor mir samt den Schatten, die von ihren unteren Enden her auf mich zu und rechts und links an mir vorbeilaufen. Die dreidimensionalen Stämme werden dort, wo ihre Schatten beginnen, wo sie sich also mit ihren Schatten nach unten fortsetzen, zweidimensional. Ich weiß das, aber was ich tatsächlich sehe, sind ungebrochene dunkelgraue, schwarzgraue, dicke Striche wie ein Gitter, das den oberen und den unteren Blattrand überschneidet – vor einem Gefunkel von Gelb, Orange und Zinnober.

Wenn ich für die Baumstämme und ihre Schatten diese Gitterstäbe von oben nach unten über mein Papiergeviert ziehe und fahrige Schlängellinien für die Äste, bilde ich nicht die Natur ab – ich kopiere sie nicht –, sondern ich setze auf die Ausdruckskraft meiner Liniengebilde. Ein Zackenstrich quer durch die Senkrechten – und schon ist die Papierfläche oberhalb des Striches Himmel, unterhalb der von Mischwald bestandene Hügel hinter den Buchen.

Wenn ich bloße Realität abbildete, was ergäbe das schon? Die als ein einziger, leicht nach oben gewölbter, entschiedener Strich gesetzte Horizontlinie auf dem Blatt von der Taiwan-Küste zum Beispiel hätte ich dann nicht nach Hause bringen können, denn so existierte sie ja gar nicht in der Natur.

Da stand nur ein wäßriges Himmelsblau gegen das Grünblau der See. Von der Faszination der Kimm, dieser geheimnisvollen Linie, die für den Seemann die stärkste Symbolkraft aller nur denkbaren Linien besitzt, wäre, wenn ich einfach Hellkobalt an Grünblau gefügt hätte, nichts zu spüren. Auch die Kontur des Baumes auf dem nächsten Blatt vom selben Tag gab es in der Natur nicht: Auch sie ist ein Zeichen.

In Taiwan habe ich meine Zeichen am sichersten gesetzt. Ich habe chinesisch gedacht und chinesisch gemalt.

Überall wurden damals Bananen geerntet. Die gebräunten Stauden waren alle wie von Chi Pai Shih gemalt – »Landschaften in Tusche auf Reispapier«: Vor einem Tempel mit popfarbenem, kraus wucherndem Dachzierat aus gebranntem Ton wurden Algen getrocknet ... In grünen Tümpeln standen Wasserbüffel so tief, daß nur noch Nüstern und Augen herausguckten ... Den Fischerbooten waren am hochgezogenen Bug Ornamente mit magischen Augen aufgemalt ... In breiter Front, unter gelben, regenschirmgroßen Palmstrohhüten, steckten Landarbeiter Reispflänzchen in schnurgeraden Linien ins spiegelnde Wasser der überfluteten Felder ... In den Höfen wurde Reis getrocknet. Mit großen Rechen wurde er wie weißer Kies geharkt ...

Die terrassierten Berge, die ich für Reisberge hielt, erwiesen sich im Näherkommen als Teeberge. Mit weißen Tüchern dicht gegen die Sonne verhüllte Landarbeiterinnen sammelten die jungen Spitzen in ihre Körbe.

Von Taichung fuhr ich zum Sonne-Mond-See. Jeder Quadratmeter nutzbarer Boden trug Ananas, Bananen, Gemüse – Spargel vor allem. An den weniger fruchtbaren Hängen wuchs noch Sisal. Langgestreckte Strohhütten gaben mir Rätsel auf, bis ich entdeckte, daß in ihnen Pilze gezüchtet wurden, und was ich zuerst für in der Sonne hingebreitete Wäsche hielt, waren die noch nassen Bögen eines Papiermachers. Viele Ochsenkarren mit Ziegelladungen, auch viele Radfahrer mit Riesenlasten von Melonen, Zwiebeln, Bananenstauden auf ihren schwarzen Rädern.

Als wir wieder – es ging schon gegen Abend – eine Küstenstraße entlangbrausten, traf mich der Anblick des Meeres im Abendlicht: Bis der Fahrer begriff, waren wir schon einen Kilometer weiter. Also zurück. Und nun in fliegender Hast meinen Malkram aufgestellt. Ich weiß: Dieses flutende warme Licht hält sich nur noch Minuten. Hin-

ter mir lag schon alles im Schatten – mit einem Schlag kann auch vor mir alles tot und erloschen sein.
Und da ziehe ich als erstes diesen magischen Strich – quer durch die obere Hälfte meines liegenden Rechtecks, und schon ist aus der Papierfläche oberhalb des Striches Himmel, unterhalb Wasser geworden. Jetzt brauche ich nur noch graphische Chiffren für die bizarren Pilzköpfe der tangbehangenen Felsen dicht nebeneinander ins untere Drittel zu reihen, und auf einmal hat alles Tiefe, die Kimm ist weit, der Himmel kosmostief. Wolkenschiffe ziehen von rechts heran – jetzt heißt es aufpassen: auf die Wolken verzichten. Statt dessen Zeichen finden für die Felsknollen ganz vorn. Die Tusche dünner nehmen – ja, so geht es! Und nun her mit der Farbe – reines Umbra über das Gefels schwemmen. Schwarzviolett für die Schatten, Orange für einen Saum aus Sand, Blauviolett für einen wie eine irisierende Blase in die Sandfläche greifenden Tümpel von der letzten Flut. Schon spüre ich im Rücken das Ankriechen der breiten Schattenfront. Aber vor mir ist immer noch ein großes Anwachsen und Kraftgewinnen der Farben, die tagsüber die harte Sonne niedergehalten hatte.

Gegen Abend male ich in einem Fischerhafen. Zwischen zwei Bildern hat mir eine heiße Suppe Kraft gegeben. Mein chinesischer Freund und Dolmetscher sorgt jetzt dafür, daß die Fischer, zwischen denen ich abgekämpft unter einem Sonnensegel hocke, einen Toast auf mich ausbringen. Die Fischer wollen es nicht glauben, daß ich ein »westlicher Mensch« bin, weil ich nicht fein angezogen bin und weil ich das gleiche esse wie sie. Zwei Schalen bester Suppe und sechs Tassen Tee kosten mich fünfunddreißig Pfennig. Unsere lautstarke Verbrüderung lockt immer mehr barfüßige Fischer heran. Auch aus den Ziegelhäusern hinter unserer Spelunke nähern sich freundlich grinsende alte Männer und viele dunkeläugige Knaben, jeder mit einer Reisschale in der einen, Stäbchen in der anderen Hand. Lauter offene Münder: Mein Freund muß tolle Dinge von mir berichten.

Ganz in der Nähe hat sich eine Malschule breitgemacht. Ich sehe fleißige Kunstadepten im traditionellen westlichen Stil schlechte Aquarelle malen. Mein Freund läßt es sich nicht nehmen, den Malschülern meine drei Bilder vorzuführen und mit sprechenden Gesten Unterricht in chinesischer Malerei zu erteilen. Ein Wunder, er hat begriffen – und jetzt geschieht das Verrückte: Er demonstriert

seinen Landsleuten, daß ich chinesischer male als sie: »Your painting – too much merchandise!« sagt er den Kunststudenten. Ich kann mich vor Staunen nicht fassen: Und nun bekommt auch noch der Chauffeur eine Kunstunterweisung auf chinesisch.

Als Maler ist auf Taiwan gut leben. Als Maler wird man von den Chinesen hoch geachtet. Drei Gerichte und eine Suppe dazu und dann noch Nachtisch, das ist das mindeste, was man einem Gast anbietet. Weniger wäre unmöglich. Verweigern wäre verletzend. Also strapaziere ich immer aufs neue meinen Magen. Einmal versuche ich zu beharren: »Bitte nur eine heiße Nudelsuppe!« Aber mein Freund sagt: »Dein krankes Bein braucht das«, und läßt Schüssel nach Schüssel auftischen. Meinen Einwand: »Wenn alles nur direkt zu meinem Bein hinginge, wäre ich ja einverstanden ...«, läßt er nicht gelten.

Die Bilder stürmen auf mich ein – bei der Arbeit, nachts, auf Spaziergängen: Palmenstämme – Buchenstämme, Mauern dazwischen, Dächer, Türmchen. Ich wünsche mir immer wieder mehr Arme. Ich brauche keine zwei Köpfe, auch keine zweite Seele, aber mehr Arme und auch mehr Mumm, um wenigstens ein Teilchen von der Pracht um mich in

Bilder verwandeln zu können. Schlaf brauchte ich auch.
Jetzt, im Feldafinger Herbst, treibt es mich wieder so sehr um, daß ich auch in der Nacht keine Ruhe finde. Ich liege steif da, ganz angefüllt mit Bildern, diesmal platzende Fontänen aus Gelb und Orange im Kopf – stahlgraue Gewitterfronten mit einem Fetzen lachsrot querdurch, tabakbraune Wege, englischrote Waldböden unter einem Gewimmel grauer Elefantenbeine. Die Augen auf den Buchenstämmen fixieren mich im Halbtraum.

Ich besitze zu den über tausend Aquarellen und Gouachen, die ich gemalt habe, hunderttausend ungemalte Bilder. Die einen sind in Regalen und Fächern, die anderen im Hirn gespeichert. Ich male ja immer, auch wenn ich kein Malzeug bei mir habe. Ich brauche bloß vors Haus zu gehen, und schon habe ich ein Dutzend neuer Bilder im Kopf. Wenn ich über die Gartenterrasse die Arbeitskemenate verlasse, male ich schon an einem Bild: Wasserflächen mit Goldfischschatten, sattgrüne Buschwülste, Thujamauern, graues, spitzes Zinkdach mit grünem Knauf darüber. Dahinter der ferne Mischwald – ein großer, orangen und moosgrün geschuppter Goldfisch. Und wenn ich durch die Toreinfahrt gehe, liegt vor mir das Bild der Bahn-

schlucht: vier Quecksilberstränge hinter dem Stengelgestrüpp vergammelter Goldruten. Zwischen den noch grünen Büschen am Gegenhang rehfarbenes, nie gemähtes Riesengras, rotes Gesträuch, geometrische Signale als Kontrast zu all dem wilden Wuchern. Und wenn ich über die Straße bis zur Böschung vorgehe, kann ich linker Hand die Schmalseite des Bahnhofs sehen: rot das Mauerwerk und grünspangrün das Vordach.
Der Bahnhof ist das schönste Gebäude weit und breit, das schönste am ganzen See. Sein Abriß stand schon zur Debatte, da sollte Willy Brandt, um hier in Feldafing Kissinger zu treffen, auf ebendiesem Bahnhof per Sonderzug ankommen: also großer Bahnhof für den Kanzler. Für die Bundes-

bahnräte hieß es sich sputen und die vergammelte 1880er Renaissance herausputzen. Aber wie nur in der Eile? Man verfiel darauf, jeden Ziegel der Fassaden rot anzumalen und auch noch zu patinieren mittels grüner, brauner, grauer Stupfer – das Beste, was die Bundesbahn, die ja ganze Scharen miserabler Architekten beschäftigt, je tat. Jetzt leuchtet die Imitativrenaissance aus Ankers Steinbaukasten je nach Wolkenaufzug und Sonnenstand ochsengallerot zwischen den Birken oder dräut schwarzrot oder blendet zwischen den Stämmen heraus in prallem Verkehrsampelrot. Die Bahnschlucht nach Tutzing zu mit den silberngefahrenen Gleisen am Grund kann soviel Rot gar nicht absaugen. Der Feldafinger Bahnhof liegt am Eingang der Schlucht wie eine rot gestrichene Tropenresidenz. Das deutsche Offizierskasino aus dem Ersten Weltkrieg auf Samoa lugte so durch die Palmstämme. Dieser Bahnhof könnte auch auf den Philippinen stehen oder in Thailand. Ich brauche mich gar nicht anzustrengen, um zwischen den Birken dort, wo die Bahnsteige sind, über dem Ziegelrot gestaffelte Tempeldächer zu erkennen, darunter einen farbenprächtigen Markt.

Der Markt auf dem »Pramane Ground« in Bangkok, dicht neben dem großen Palast, ist der bunteste, den ich je sah. Die Augen können hier nicht gemächlich spazierengehen: Der Blick zuckt hin und her, fängt hier einen heftigen, ungewohnten Farbkontrast von Safrangelb, Violett und Orange ein, spürt da bizarre Formen von Sonnensegeln auf, empfängt in so rascher Folge neue Bilder, daß noch das langsame Schrittempo zuviel ist. Ich muß wieder und wieder innehalten, um der Bilderflut Herr zu werden. Im jähen Wechsel von Gegenlicht, Schatten und voller Blendung muß ich die Augen öffnen und verkneifen, muß aufblenden und abblenden – wie bei einer Kamera. Märkte ziehen mich immer an: das Gargantueske, die elementare Lust an der Nahrung, das dekorative Zurschaustellen des eßbaren Reichtums, das Explodieren der Farben, das Wogen der Gerüche, das anpreisende Gebrüll ... Ich merke: Hier brüllt ja keiner! Die Händler hocken geduldig zwischen ihren Körben am Boden. Aber dafür schmettert um so greller die Jazzmusik der Formen und Farben: poppig rosa Litschis, sattgelbe Orangen, aufgeschnittene blutrote Melonen, scharf signalrote Pfefferschoten: Rots in allen Tönungen. Auch viele Grüns: melonengroße Früchte, die ich nicht kenne, runde warzige und runde stachlige, blaugrüner Porree, zinnobergrüner Lattich ... Was sind »jack fruits«, was »rambutans«, was »du-

rians«? Sogar Brauns und Violetts gibt es in Mengen: Süßkartoffeln, Kokosnüsse und Auberginen. Am schrillsten übertönt alles das Bananengrün, das noch aus der dunkelsten Ecke leuchtend prunkt.

In Nakorn Pathom, im Westen von Bangkok, entdecke ich im Schatten orangerot brennender Flammenbäume zu Füßen der riesigen goldenen Pagode von Phra Pathom ein echtes, also nicht für Touristen spielendes Freilichttheater. Die perspektivisch gemalte Kulisse eines Palastsaales ist unter einem Eukalyptusbaum an eine Mauer gehängt. Die Schauspieler, nur Frauen, agieren barfuß auf der bloßen Erde – aber ihre Gewänder und Masken sind genauso goldstrotzend und schwer wie die der Truppen auf den Saalbühnen. Viel Geschrei und Prügelei wie in einem Rüpelspiel. Die Schauspielerinnen werden von einem Kranken bezahlt, der hier spielen läßt, wie man anderswo Votivgaben aufhängt: Der Dämon, den der Affenmensch auf der Bühne in die Flucht schlägt, soll auch aus seinem Leib vertrieben werden... Ein Tempel unweit der Straße senkt sein Spiegelbild in riesige Pfützen. Jetzt schimmert das Gold, Grün, Rot, Ocker seiner Dächer und das Weiß der Wände und Säulen auch aus dem Boden hoch. Und schon kommt die Sonne wieder. Ein blendendes Gefunkel der goldenen Dachreiter gegen das Graphitgrau der abziehenden Gewitterwand hebt an. Die Dächer brennen schier auf. Jeder einzelne der grünen oder litschiroten Dachziegel glänzt und schießt Blitze – und das alles vor diesem bedrohlichen, jetzt schwarz-violetten Himmelsgrund, der sich immer mehr verdüstert, damit die Farben dieses Tempels auf dem dunklen Grund noch mehr prunken können.

Ein Augenfest sondergleichen – dieses prangende Licht auf dem schönsten Dach, das ich je sah: Zwei Sättel durchdringen sich überkreuz, und jedes Dach ist vierfach gestaffelt, ein Sattel schiebt sich teleskopartig aus dem jeweils größeren heraus. Ein Meisterwerk an Zimmermannsarbeit! Und wo sonst nur Giebelbretter angebracht werden, schimmern hier Leisten aus feinstem Goldfiligran. Welcher Reichtum von Formen, stilisierten Drachen, Vögeln, Blumen – und welche Farbenpracht auf einem einzigen Dach.
Auch in armen Dörfern stoße ich auf schöne Giebel, gute Proportionen. Die Zimmerleute haben noch Gefühl für Form und Maß. Alle Häuser stehen auf Pfählen. Im Schatten darunter riesige, wohlgeformte Tonfässer für den Reisvorrat. Statt eines Deckels gegen Mäuse und Ratten eine Schicht aus getrocknetem Kuhmist obenauf.

In einem solchen Dorf in Thailand, in den wirklichen Tropen also, habe ich meine Feldafinger Frösche quaken gehört. Das Quaken heimischer Frösche war aber nicht etwa Halluzination. Ditti hatte mir Ersatztonbänder geschickt, und weil im Sommer meiner Tropenreise die Frösche in den Tümpeln am Haus nächtens so frenetisch wie noch nie quakten, hatte sie davon eine Tonprobe aufgenommen und einen Zettel mit der Anweisung: »Gleich abspielen!« dazugelegt. Mit äußerster Lautstärke habe ich die Feldafinger Frösche in eine thailändische Nacht schallen lassen, bis plötzlich Schüsse krachten und Pferde trappelten und einer zu brüllen begann: John Wayne auf der Leinwand des Urwaldkinos mitten zwischen Palmen hatte eine noch stärkere Stimme als die Feldafinger Frösche.

Caput mortuum

Von meinen alten Aquarellen, solchen, die unmittelbar nach dem Krieg entstanden, kann ich mich tief rühren lassen. Ich spüre die Stimmung, in der ich sie malte, noch genau: Davongekommen! Banger Unglaube, daß der Friede Bestand haben könnte. Und dann plötzlich wieder: Lebenwollen, Durchbeißen. Ich bin froh, daß diese Stimmung nicht für alle Zeiten verlorengegangen ist.
Damals habe ich wieder rehbraune Herbstwiesen mit den schwarzgrünen Pyramiden der Moorfichten darüber gemalt. Dieser heiße Sommer des Jahres 1945 hatte die Wiesen früh schon herbstlich gefärbt – der heißeste Sommer, den ich hier je erlebt habe. Meine Ernte an Tomaten, Gurken, Kürbissen und sogar Zuckermelonen war riesig. Daß ich Zuckermelonen ernten konnte, war der schiere

Zufall. Nur zum Spaß hatte ich ein paar Melonenkerne aus Frankreich, die ich in einer Tasche gefunden hatte, in die Erde gesteckt. Später habe ich das noch x-mal versucht. Aber an Zuckermelonen war nie wieder zu denken. Schon Tomaten wurden nicht mehr reif. (Aber aus den grünen ließ sich eine vorzügliche Marmelade kochen.) Damals – 1945 – mußten wir den Dachboden von den gespeicherten Kürbissen wieder räumen, da kein Mensch mehr Kürbisse essen wollte und alle Welt lachte, weil wir einen solchen Riesenvorrat die Stiegen hinaufgeschleppt hatten, der nun zu faulen begann. Da machte ich es kurz: Ich ließ die gewaltigen Kugeln einfach aus der Luke hinunterfallen. Auf der Betontreppe zerplatzten sie wie Bomben und machten eine heillose Schweinerei.

Damals hatten wir überhaupt rechte Mühe, mit all dem ungewohnten Überfluß fertig zu werden: Kürbisse, Sonnenblumen, Gurken und Tomaten – *les vraies richesses.* Jetzt habe ich, schlimm genug, keine Zeit mehr, mich um derlei Gewächs zu kümmern. Sogar die Dahlien habe ich aufgegeben, weil die Knollen nach dem ersten Frost aus dem Boden gegraben und im Keller gelagert werden müssen: zuviel Arbeit für einen, der eh schon alle Hände voll zu tun hat.

Ich müßte zum Beispiel noch einmal mähen vor dem Winter. Alles wird zuviel, ist kaum noch zu schaffen. Ich muß schrumpfen, mich klein machen, alle Arbeit reduzieren, um mich endlich aufs Wesentliche zu konzentrieren. Wenn ich nur wüßte, was das Wesentliche ist! Statt in negotiis herumzutelefonieren, würde ich allemal lieber Bäume fällen, ausasten oder einfach im hinsterbenden violetten Phlox sitzen und staunen, zu welch mild leuchtendem altmodischem Violett Phlox fähig ist.
Einen schnellen Gang zum Seeufer gönne ich mir aber doch. Der Golfplatz wird nur für mich gepflegt: untadeliger grüner Velvet, rings umsteckt von gelben Fackeln, den Ahornbüschen, die in der tiefstehenden Sonne gegen den Wolkenhimmel brennen. Die Golfbesessenen merken davon nichts. Sie sind ganz und gar auf ihre dämlichen weißen Bällchen fixiert. Ich lasse sie noch ein bißchen schrumpfen, auf Ameisengröße, damit sie das Bild nicht stören.

Braune Kastanien malen, halb aufgeplatzte. Das wie Toastbrot pampige weiße Fleisch, die grüne Schale und das Caput-mortuum-Braun der Kerne. In diese Farben war Georges Braque verliebt: Dieses Grün der Schalen zum Braun der Früchte hat er immer wieder versucht – bis fast zur Abstraktion hin.

Beim Aufsammeln der Kastanien, die ganz frisch und wie lackiert glänzend aus den dicken Schalen geplatzt sind, muß ich auch an Henry Miller denken. Er trug immer welche in den Hosentaschen, weil ihm jemand gesagt hatte, das sei gut gegen Arthroseschmerzen, an denen er genauso litt wie ich.

Mein Abgott Henry Miller: Eines schönen Vor-

mittags klingelt es an der Haustür. Ich mache auf. Draußen steht ein Mann in legerem, großkariertem Jackett und sieht aus wie Henry Miller. Und da sagt der Mann: »I am Henry Miller!« – Wenn die vielen Widmungen in meinen Henry-Miller-Büchern nicht wären – alle gegeben zu Feldafing –, würde mir das keiner glauben.

Unter den herbstlichen Magenlaben stehen bei uns frische, vom Busch gepflückte Haselnüsse ganz

hoch im Kurs. Auf die Treppe zum Hauseingang niedergehockt, klopfen wir sie mit einem »Fäustling« auf – einem Bachkiesel, der sich gut in die Hand fügt und so schwer ist, daß man die Nuß nur leicht anzutippen braucht: Schon ist die Schale zerspellt, und der mattbraune Kern liegt zutage. Wir trinken Weißwein zu den Nüssen, einen trockenen, eher schon herben.

Hallimasch – in Speck gebraten und mit viel Knoblauch – gibt es jetzt oft. Dazu entweder Reis oder Spaghetti. Wir werden von den Nachbarn dafür bewundert, daß wir direkt am Straßenrand von alten Baumstümpfen »Giftpilze brocken«. Auch der gute Schopftintling gilt hierzulande als giftig. »Den stoß i net amoi mit die Fieß«, sagt mir ein Einheimischer, dessen Urgroßeltern schon aus der Gegend stammten, und erklärt, für ihn existierten nur Reherl (Pfifferlinge) und Steinpilze.

Das war ein reiches Pilzjahr! Reich auch, weil wir neue Arten probiert haben. In den Pilzbüchern sind die Abbildungen zu ungenau, die meisten von ihnen enthalten ohnehin zuwenig Abbildungen. Da heißt es eben probieren. Wir wissen natürlich, vor welchen Pilzen wir uns zu hüten haben. Aus der Unzahl der anderen aber, die nicht in unseren Büchern abgebildet sind, braten wir schöne Exemplare probeweise. Die als eßbar erkannten taufen wir mit Phantasienamen: graumelierter Glöckner, akkurater Mehlstäuber, violetter Chinesenschirm ...

Der Regen läßt die Boviste zu linearen Mustern aus dem Boden schießen. Ich kann eine ganze halbmeterlange Reihe von Bovisten aufnehmen: Sie haben sich auf einem halb verfaulten Ast angesiedelt. Der Ast hält bei aller morschen Zersetzung noch so gut, daß ich die ganze Trouvaille zum Fotografieren mitnehmen kann.

Boviste sind unsere große Küchenspezialität geworden. Sie machen auch die wenigste Arbeit: Hut nicht abziehen, auch nicht panieren – einfach nur halbieren und in Butter braten. Beim Putzen – viel gibt es zum Glück an Bovisten nicht zu putzen – ärgern mich schwarze Käfer, knapp kleiner als Marienkäfer, die in diesem Jahr auf die Boviste losgehen. Sie bohren Gänge in den weißen Nougat der Pilzmasse und bauen in der Mitte Kavernen aus, in denen sie sich gemütlich einrichten, ausreichend Lebensmittel an allen Wänden. Ein Schlaraffentraum: Fehlt nur noch elektrisches Licht in der Höhle und Bildschmuck an den Wänden.

Mitte November. Morgennebel. Alles triefnaß. Ich muß Gummistiefel anziehen, wenn ich über den Golfrasen zum See hinunterstapfen will. Dabei

hinterlasse ich eine dunkle Spur in der weißgrün leuchtenden Fläche.
Ein Schauspiel, dem ich gern still zusehe: Wie die Sonne über den Nebel obsiegt. Über dem See ist der Nebel noch dicht: Haiku-Nebel. Aber nun beginnt das Schwadenziehen – und auf einmal klärt sich die Luft mit einem Schlag. Ich kann gleich bis nach Penzberg sehen.
Es treibt mich um. Der Föhn ist es, der mich so rastlos macht. Es ist zu warm für die Zeit. März-, Septemberwehen. Ich möchte mich auf der Stelle in die Luft heben und nach Hongkong fliegen – ein moderner August Weltumsegler. Statt dessen kehre ich in den Garten zurück und hocke mich an den Goldfischteich. Ich nehme mich an die Kandare, beschwichtige mich selber: Nur ruhig Blut, mein Junge!
›August Weltumsegler‹ und ›Segen der Erde‹ – zwei Romane von Knut Hamsun: Ich wußte schon mit zwanzig Jahren, daß sie für die Pole gelten könnten, in deren Spannungsfeld mein Dasein verlaufen würde.

Kinderherbst in Sachsen – das war Erntedankfest im Chemnitzer Schrebergarten: Sackhüpfen, Geldstücke mit dem Mund aus Tellern voll Honig angeln, Armbrustschießen ...

Und dann Drachensteigen und die Kartoffelnachlese! Ganze Säcke voll konnte man, wenn man sich Mühe gab, zusammenklauben und nach Hause schleppen. Selbstgeerntete Kartoffeln!

Trotz der Wärme kein Zweifel: Das Jahr geht zu Ende. Die Eberesche ist schon fast kahl. Da kommt nachts ein gewaltiger Föhnsturm, und die Blättertracht *aller* meiner Bäume liegt am Boden. Jetzt gleicht die Eberesche einem riesigen, mit dem Stiel in die Erde gepflanzten Rutenbesen. Durch die Ruten leuchtet der kobaltene Himmel. Und da fährt hinter den Ruten quer durch ein Kondensstreifen wie ein Kreidestrich. Auf »blue five« ist spätnachmittags eine Menge Verkehr.
Die Bäume zeigen ihre Aststrukturen, sie werden graphisch. Keine Formballungen mehr, kein Vorn und Hinten, statt dessen ein Linienwerk, oft dicht wie ein Drahtverhau. Wenig Farbe – bald stellt sich die Landschaft nur noch in Tuschstrichen dar.

Ein Wetter zwischen Hängen und Würgen. Regnet es, regnet es nicht? Der Himmel: waagerechte Markisenstreifen aus Bleigrau und Neapelgelb, schmierig, ungesund. Ich spüre meine Knochen.
Das ist der Jammer, daß ich mit meinen Bildern nicht auch die Wandlungen, die Bewegungen am

Himmel wiedergeben kann. Ich erwische immer nur einen Moment, einen ganz bestimmten Zustand der Natur. Aus solchen Grenzen wollten die Futuristen herauskommen. Sie brachten Bewegungsabläufe wie aufgeschlagene Fächer ins Bild. Auch Monet versuchte es auf seine Art, indem er das gleiche Motiv mehrfach in verschiedener Beleuchtung malte. Das tue ich auch hin und wieder. Aber weiter reichen meine Mittel nicht.

Meist wechselt die Beleuchtung so schnell, ändert sich die Landschaft von Düster in Heiter und wieder in Düster, daß ich verzweifeln könnte und die Trägheit – bei aller Schnelle meiner Malhand – verfluche. Wo eben noch Farbprunk war, ist auf einmal uniforme Sauce.

Die Regenperiode vor der herbstlichen Prachtentfaltung war niederdrückend – ein verlorener Sommer. Und jetzt dieses Einerlei grauer, klammfeuchter Tage, das kaum noch auszuhalten ist. Ich werde mir ein Hygrometer anschaffen, damit ich auf einer Skala die Luftfeuchtigkeit ablesen kann, die ich sonst nur auf der Haut spüre. Nein, mit der Nase nehme ich sie auch wahr. Das ganze Haus riecht dumpf und modrig vom Keller hoch. Die Kellermauern sind feucht, die Ziegel im Kellerboden auch. Da entdecke ich, daß ich im Gartenkobel eine Art Hygrometer habe: Das dicke, bizarre

Bündel hartgetrockneten, tabakfarbenen Tangs aus der Bretagne ist schlapp und glitschig wie ein alter Feudel. Die Salzkristalle, die in grauen Flecken auf dem Tang nisteten, haben Feuchtigkeit gesogen.

Am Moorsee beginnt bald die große Karpfenschlacht. Für mich wird dort kein Karpfen mehr umgebracht, seit ich im letzten Jahr entdeckte, daß die lebenden Karpfen in München im Kaufhaus viel billiger waren, auch weniger moorig, und vor allem, daß sie auf ordentlichere Art umgebracht wurden als die am Bauernteich: mit Strom statt mit dem Hackebeil.

In meinem Malkasten wird das Näpfchen mit Caput mortuum am schnellsten leer. Im Sommer rühre ich diese Farbe kaum an, aber jetzt muß ich die satte Rostfarbe – sie wird tatsächlich aus Eisenoxyd gemacht – nach jedem dritten Blatt ersetzen.
Schwarzweiß-Effekte, wohin ich blicke. Die Prunkfarben haben sich verloren. Wenn ich das Atelier verlasse, nehme ich oft die Kamera anstatt des Malzeugs mit. Ich kann nämlich, wenn ich – wie jetzt immer – am Bücherschreiben bin, nicht malen: Ich will es nicht riskieren, weil ich, ehe ich den ersten Pinselzug täte, ja doch schon wüßte,

daß ich keinen richtigen »Malschub« geben kann – eben weil jetzt ein dickes Manuskript fertig werden muß. Also sammle ich mit der Kamera Bilder ein. Die Kamera ist Ersatz fürs Malen. Aber als sollten die Kategorien nicht durcheinandergeraten, fotografiere ich nicht das, was ich malen würde. Ich stelle mich auf ein anderes Sehen, auf die Kamera, ein. Doch was mir dann in der Dunkelkammer aus dem Entwicklerbad zuwächst, ist wieder Urwald. Auch fotografierend bin ich immer noch auf Tropenpfaden.

Fernöstlicher See

Heute zeigt sich der See als eine untadelige Fläche, weißhell wie der Himmel. Kein Wind, keine Wellen. Die Sonne blendet mit weißen Blitzen vier Daumensprünge hoch am hellkobaltenen Himmel und blendet zuckend aus dem See heraus. Jetzt landet ein Entenpaar. Die Enten reißen eine Doppelspur aus scharf gleißendem Quecksilber in den Seespiegel. Das Gebirge im Süden schwimmt auf dem Dunst: ein Zackenkamm, nur schwach durch eine Nuance stärkeren Kobalts vom Himmelsgrund abgesetzt, aber nach unten ins Helle verfließend. Die Basis des Gebirges ist genauso hell wie der Himmel, das Gebirge hat kein Gewicht, es könnte aus hauchdünnem Japanpapier gerissen sein. So sollte ich es einmal darstellen: die Zackenkante reißen und dann die ganze Kante in Kobaltblau tunken, die Farbe nach unten verfließen lassen und den Streifen ins Bild kleben. Dann hätte ich die alte Not nicht mehr, daß mir der Zackenkamm auf dem feuchten Papier ausläuft.

Gegen die Sonne ist die Tauwiese glitzerweiß. Die Golfspieler sind noch nicht unterwegs. Ich kann mich ungestört mitten in das Geglitzer auf meine Gemüsesteige hocken und meinen Blick ringsum schweifen lassen. Ich fasse Meter für Meter ins Auge, vollführe einen Schwenk um dreihundertsechzig Grad.

Haubentaucher bilden mit jedem Kopfeintauchen neue Glitzerringe. Futtergierige Schwäne treiben mitten durch die auf dem Wasser blitzende Sonne heran. In ihrem Heckwasser geht sie in Trümmer. Japonaiserie – Chinoiserie. Man müßte das auf Seide malen. Kaum denke ich es, sehe ich auch schon hochformatige Rollenbilder von der Seelandschaft. Warum nur haben die fernöstlichen Maler so viele Hochformate gewählt? Es muß wohl an der anderen Landschaftsstruktur liegen: ragende Felsen, tiefe Schluchten. Hier ist alles breit gelagert. Ich brauche das Breitformat. Jetzt läßt vom Wasser aufsteigender leichter Nebel die Ferne verschwimmen – ein Anblick, den ich genieße, den ich aber nicht malen mag. Für solche Verweigerung habe ich guten Grund: Das Diffuse, mit dem das Aqua-

rell zum Kunstgewerblichen hin lockt, das nicht klar Definierte, nur halb Ausgesprochene, jenes »geheimnisvolle Weben« und Farbfließen ist mein Fall nicht. Ich will klar durchschaubare Mittel einsetzen. Den Blick auf San Francisco habe ich in solcher Nebelstimmung gemalt und dann das Blatt, noch ehe es trocknen konnte, zerrissen und »pfui Teufel!« dabei gesagt.
Also keine Mätzchen, keine unkontrollierten Effekte, kein »zartes« Verfließen, nichts Nebuloses, kein Verschwimmen.

Nolde? – Na ja! Kirchner ist mir, auch wenn er auf Papier arbeitet, lieber als Nolde. Ich habe nun mal die sprichwörtlichen »klaren Verhältnisse« gern und mißtraue Japanpapiereffekten. Da spielt der Zufall zu sehr mit. Man malt im Atelier fünfmal die gleiche Woge – auf einem von den fünf Blättern läuft die Farbe dann schon richtig. Trotzdem – es gibt ein paar Blätter von Nolde, vor denen ich den Atem anhalte. Ich habe mich schon gefragt, ob ich am Ende meine Aversion gegen jene Kunstsammlergemeinde, die Noldes Farbräusche anhimmelt, auf Noldes Blätter übertrage und ihm damit unrecht tue. Braques Verdikt, das ich von ihm als junger Mann erfuhr, Nolde sei überhaupt kein Maler, da fehle alles, was Malerei ausmache, wirkt wohl auch noch nach.

In meiner Jugend Maienblüte habe ich ungeheuer genau gezeichnet. Es ging mir um jeden Riß im Brett, jeden Stich der Schusterahle. Jetzt suche ich nach Kürzeln. Nicht so simplen, wie sie Stenographen gebrauchen – gerade davor gilt es sich zu hüten: keine Stereotypen! Bei Chi Pai Shih habe ich zwar wiederkehrende Kürzel entdeckt – aber sie behielten trotz ihrer Gleichheit Leben. Ein großer Meister, unübertrefflich, wenn er nur Pinsel und Tusche benutzte, also auf Farben verzichtete. Mit bloßen spontanen Tuschlavierungen konnte er alles suggerieren: den Yang-tse-kiang im Morgendunst, einen Wasserfall hinter Kiefern, Karpfen im Schilf, einen Korb voller Krabben ...

Langes Wählen gibt es bei mir auch nicht. Mal setze ich mehr Schwarz, mal mehr Farbe. Manchmal will ich den spröden Strich – dann lasse ich das Papier trocken. Wenn ich den weichen Strich will, feuchte ich es an, manchmal nehme ich auch den triefenden Schwamm, um es richtig einzuweichen. Aber all das geschieht eher intuitiv als bewußt.
Obwohl meine Mittel klar zutage liegen, betreibe ich natürlich auch auf meine Weise Augenwischerei. (Alle Malerei ist schließlich Täuschung, weil mit Zweidimensionalem Dreidimensionales vorgespielt wird). Auch ich habe meine Tricks. Einmal bin ich auf einen besonders raffinierten verfallen: Beim stürmischen Malen wollte es mir nicht gelingen, das Gitter der hellen Birken im Moor auszusparen. Jeder Versuch endete in penetranter Kleinlichkeit. Da nahm ich ein neues Blatt und einen Wachskerzenstummel und setzte mit seiner scharfen Kante unsichtbare Birkenstriche (wie ein Geheimdienstler). Als ich dann mit dem breiten Pinsel voll von Grauviolett für das Gebüsch hinter den Birken darüber hinfuhr, nahmen die wachsbe-

rührten Stellen die Farbe nicht an, der Papiergrund blieb stehen – meine Birken waren da!
Manchmal spielt die Natur selber aufs reizvollste mit: Auf einem Blatt hat der beginnende Regen seine Signatur hinterlassen. Er hat sich in die Gewitterwand, die ich mit Paynesgrau breitpinselig hingestrichen hatte, hineingefleckt. Die ersten schweren Tropfen sind als hellere Flecken in mein Bild integriert. Oder: Fächerige Eiskristalle, zu denen mein Malwasser zusammenschoß, als der Pinsel kaum die eiskalte Papierfläche befeuchtet hatte – sie malten im warmen Atelier selber weiter. Sie durchdrangen sich – ich hatte mehrere Schichten in verschiedenen Tönungen auflasiert – beim Tauen. Die Farben mischten sich, obwohl ich ja längst zu malen aufgehört hatte. Aber jetzt griff ich noch einmal ein: Ich trug mein Malbrett wieder in die Kälte, unterbrach den Tauvorgang, das Papier konnte wieder saugen, und so gelang mir, das Abbild der Eiskristalle im Himmel über meiner Moorlandschaft wie einen Naturselbstdruck (so hieß ein altes Abpreß-Druckverfahren) zu fixieren.

Hongkong – Blick zurück.
Papier, Wasserfarben, Tusche – weiß Gott karge Mittel, die ich mit mir um den Erdball schleppe,

um seinen Reichtum einzuheimsen. Auch im Flugzeug trenne ich mich nicht von meinem Werkzeug. Die Mappe mit dem Malbrett und dem Papiervorrat hat die Stewardeß direkt hinter dem Cockpit untergebracht. Aber ich spüre das Gewicht der Mappe noch lange im linken Arm. Ich brauche verschiedene Sorten Papier, weißes und getöntes. Auf kleinem Format mag ich nicht arbeiten. Ich muß genug Vorrat haben, denn wo sollte ich in der Südsee Papier mit dem richtigen Korn auftreiben?

Meine Wasserkanne aus Plastik und das Dreibein fürs Malbrett liegen mitsamt dem Stockwagen und der Kameratasche unter dem Sitz verstaut.

Hongkong heißt: duftender Hafen. Als wir anfliegen, macht es seinem anmutigen Namen keine Ehre: Schwarzviolette Gewitterwolken fetzen am Kabinenfenster vorbei, Blitze flackern. Es wird dunkel, als wäre es Nacht. Wie soll der Pilot in diesem Tumult die schmale, ins Wasser gebaute Betonpiste finden? Die Maschine rüttelt, empfängt heftige Stöße: Es ist, als stünden wir fest und würden von tosenden Schwällen überdonnert. Aber jetzt kippt die linke Tragfläche weg – mit gedrosselten Düsen kurven wir tiefer in diesen blitzdurchzuckten Aufruhr hinein. Die Nähe der Berge! Der Peak! Plötzlich erkenne ich beim angespannten Hinausstarren in Sekundenbruchteilen gischtendes Meer, und schon spüre ich das Aufbumsen. Sofort danach das rasende, wie schmerzgepeinigte Aufheulen der Düsen. Heftiges Vibrieren der Maschine im Gegenstrom. Wassersträhnen quer übers Bulleye: Der Himmel schüttet sich aus. Bleiche Gesichter. Kaum einer wagt ein verlegenes Grinsen: Wir sind in der Kowloon-Bucht auf dem Kai-Tak-Flugplatz gelandet.

Die Hongkonger Waterfront zieht mich an. Hier brauche ich nicht nach »Motiven« zu suchen, keine Impressionen zu ködern. Die Bilder überfallen mich, immer neue packen mich wie ein immerfort wiederkehrender Wogenanprall. Aber als ich mein Dreibein aufstelle, um das Gewimmel von Dschunken, Sampans und Lastträgern, die Bananen aus Taiwan auf dem Pier stapeln, zu malen, trifft mich die Sonne wie ein Hammer. Die feuchte Hitze ist mörderisch. »Tropisches Monsunklima« heißt das schlicht im Reiseführer. Das ist das Elend: Gegen die Hitze ist der Mensch wehrlos. Gegen Kälte kann man sich wappnen, kann sich vermummen. Da läßt sich gradweise dagegen ankommen. Binsenwahrheit: Weiter als bis auf die Haut kann der Mensch sich nicht ausziehen. Ein Hoch auf unser heimisches Klima! Keine Klage mehr über den Föhn, die Wetterumschwünge! Umschwünge geben Hoffnung. Hier schwingt nichts um: Auch für morgen darf ich getrost mit der gleichen Dampfbadhitze rechnen, die mich heute quält.

Ein paar Stunden später versuche ich es noch einmal. Diesmal habe ich ein Auto. Aber mit der schwarzen Staatskarosse ist im Gewimmel der Lastkarren bald kein Weiterkommen. Wir sind hoffnungslos festgekeilt. Keine Chance, bis an die

Piers zu gelangen. So muß ich mich mit meinem sperrigen Malzeug durch Zäune zwängen, groben Bauschutt erklettern, über Kanisterreihen turnen, bis ich einen Hügel aus Erdaushub erklimmen kann: welch ein Blick! Auf lehmgelbem Wasser ein Gewirr von Sampans mit grünen Sonnensegeln, überragt von behäbigen schwarzbraunen Lastdschunken, und im Vordergrund ein bewegtes Spiel bunter Spiegelungen.

Ich versuche Posto zu fassen, schraube in einem Zustand hochgespannter Erregung die Tuschflasche auf. Weg mit dem weißen Papier – das blendet zu sehr. Ich habe zum Glück noch gelbgetöntes Ingres. Wieder die beklemmende Angst vor dem ersten Strich. Ich rede mir zu: »Nu mach schon, los!« Durch ein paar energische Zeichen fixiere ich das Gewimmel im Hintergrund. Unversehens finde ich die rechten stenographischen Kürzel für Sampans und Dschunken, die schweren, wie bei alten Karavellen hoch übers Wasser ragenden Hecks, die merkwürdig nach achtern gerückten Großmasten. Diese herrlichen Dschunken – seetüchtig wie kein anderer Schiffstyp. Möglich, daß Amerika längst vor Kolumbus von Dschunkenkapitänen entdeckt wurde. Ich halte mich nicht auf mit Farbmischen, nehme die Farben, wie sie der Pinsel faßt – ungebrochen. Jetzt heißt's aufpassen!

Den Grund stehenlassen, ihn nicht zumalen. Und ja nicht zögern! In Schwung bleiben! Eine Barkasse fährt vorüber, bringt die Sampans durcheinander. Nicht irritieren lassen! Ich habe die großen Formen ja schon. Mein Bildgefüge ist gesichert. Ich darf schon halb aufatmen. Und jetzt lasse ich die farbigen Reflexe auf dem braunen Wasser züngeln ... So braun muß auch der Vater aller Ströme, der Yangtse-kiang, sein ... Und hier ein Strich und da ein Hieb: schwarze Tusche, Farbflecke. Die Halbwüchsigen, die jetzt neugierig heraufklettern, können mir nichts mehr verderben. Ich löse die Klammern, breite mein nasses Blatt auf den Boden. Die Burschen kapieren schnell. Sie schleppen von allen Seiten Steine herbei, um mein Aquarell ringsum zu beschweren. Ich brauche auf meinem Hügel nur eine Vierteldrehung zu machen, da trifft mich schon ein neuer Anblick: drei Dschunkenbugs hinter einer Mauer aus silbern blinkenden Kanisterkuben und darüber das scharfe Grün der Sonnensegel. Das Malbrett liegt wieder parat.

Die Burschen halten sich in Abstand, sie stören nicht. Sie erkennen wohl, wie ich mich plage: Mein Hemd klitscht schon am Körper. Ein Glück, daß ich meinen großen Reisstrohsombrero auf dem Kopf habe.

Ich bin verdammt gut in Fahrt. Heute läuft es be-

stens: Wie sich von einem Punkt aus die Plankenlinien der Dschunken schwungvoll auffächern! Und jetzt kommt ein zweites, sonores Grün ins Bild und dazu ein scharfes Orange: Neue Sampans drängen sich heran. Wie sich das fügt: Sie passen in meinen Bildbau, sie bereichern ihn sogar.

Als ich fertig bin, möchte ich mich zu Boden sinken lassen. Statt dessen stolpere ich mehr, als ich laufe, dem nächsten Schatten zu, in eine Schattenhöhle hinein. Die Neugierigen sind jetzt meine Diener, die mir Pinsel, Malbrett, Tuschflasche tragen. Das letzte, noch nasse Aquarell trage ich selber. Der schattige Laden gehört einem Gewürzkrämer, der mich höflich auf einen niedrigen Stuhl plaziert. Ich atme aus hundert Düften gemischten Gewürzbrodem. Schon habe ich eine taubeschlagene Colaflasche in der Hand. Nachbarn kommen. Aufgeregtes Tuscheln. Man hält mich offenbar für fieberkrank. Ich schlucke vor Rührung über soviel Besorgnis und stehe auf, damit alle sehen, daß ich mich auf den Beinen halten kann. Ich bin pitschnaß, natürlich – ich habe eben gemalt ... hier: zwei Bilder. Ich kann sie nicht richtig zeigen, weil sie nicht trocken sind. Ich muß sie schräg halten, damit die Farben nicht verlaufen. Hier trocknet ja nichts. Jetzt wirft ein Jüngerer sich zum Erklärer auf und zückt den Zeigefinger: »Sampan!« – Alle

nicken und staunen mich an wie ein Weltwunder.
Ich widerstehe den Lockrufen der Rikschamänner an der »Star Ferry«. Ich will mich nicht von diesen ausgemergelten alten Kulis durch die Hitze ziehen lassen und komme mir dabei insgeheim edelmütig vor. Abends muß ich mir von meinen englischen Freunden sagen lassen, daß ich mit meiner Weigerung, mich mit Körperkraft transportieren zu lassen, den armen Kerlen Verdienst entzogen hätte, mir also gar nichts einzubilden brauchte. Da habe ich wieder eine Lehre weg.

Am Teich im Feldafinger Garten. Ich beneide Chi Pai Shih, der bisweilen Klitzekleines penetrant akribisch mitten in den Pinselfluß hineinzeichnete. Für ihn war das kein Stilbruch, sondern der Beweis, daß er eben beides beherrschte: die Abbreviatur *und* die Genauigkeit.
Ich möchte den Teich, die Spiegelung der Rotbuchen, die treibenden Blätter, die halb schon im Wasser versunken sind, die orangenen Schatten der Goldfische und auch noch die flüchtigen Spuren der Wasserläufer malen können. Ich möchte wieder einmal chinesisch malen – die Kiesel im Wasser zum Beispiel. Jeder soll sehen können, daß sie eine Handbreit Wasser über sich haben, obwohl das

Wasser ganz klar ist. Dazu das Einstippen der Gräser, die kleinen Dellen, die jeder Grashalm ins Wasser drückt, die fünferleifarbenen Goldfische gegen den moosgrünen Grund, dort, wo Schatten ist, und dann wieder, wie sie durchs Kobaltblau der Himmelsspiegelung treiben.
Das Unvermögen, wirklich all das ins Bild zu bringen, was ich vor mir sehe, es spirituell in Fläche zu verwandeln, mit Elan die Gräser hinzutuschen, aber auch das Winzige im Bild sichtbar zu machen, bedrückt mich. Die Diskrepanz zwischen meinem umfassenden Sehen und dem kläglichen kleinen Papierrechteck setzt mir zu. Die Enge der Syntax,

ihre Unverbindlichkeit. Wer meine Syntax nicht kennt, kann auch mein Bild nicht sehen.
Mit dem Auslassen ist es nämlich so eine Sache: Es gibt Leute, auf die wirkt die Suggestion, auf die ich baue, gar nicht. Am schlimmsten enttäuschte mich mein chinesischer Freund in Taiwan, der zuerst auf meinem Blatt nicht Fels und Wasser zu sehen vermochte, obwohl er doch Chi Pai Shih hätte kennen müssen, der mit noch weniger Zeichen auskam. Er hat das gelbliche Weiß seines kaum geleimten Papiers einmal für Himmel, ein anderes Mal für Wasser, ein drittes Mal für Nebel stehenlassen und nur mit sparsamsten Zeichen Hinweise gegeben, wie die leergebliebene Fläche gedeutet werden soll: ein paar windgebeugte Schilfhalme unten – Wasser. Eine Felskuppe rechts im Bild mit einer gedrungenen Kiefer – Himmel. Die Spitzen zweier Segel mitten im Blatt – Nebel über dem Yangtse-kiang.

An Chi Pai Shih dachte ich in Taiwan immer wieder: In der Kühle der hochgelegenen Marmorschlucht, den nackten Rücken gegen feuchte, senkrecht hängende Moorpolster gepreßt, empfand ich das Malen wie tiefes Atemholen, Lungenweiten. Angesichts der gewaltigen marmornen Felsklippen, der ornamentwechselnden Stringenz der heftig um die Felsenstarre flutenden Bergwässer war der Alte vom Aprikosenwall mein Präzeptor. Ich atmete feinen Wasserstaub, der auch mein Papier feuchtete und meine Striche breiter laufen ließ: Die Natur bestimmte mein Malwerk mit. Ich gab mich ihr ganz hin, schmiegte mich ein, gewann arbeitend das Geschenk des Tao, des Einsseins mit der Natur.

Erst am Abend merkte ich, daß ich unbewußt mit dem »chinesischen Pinsel«, also dem senkrecht gehaltenen, gemalt hatte. Und ich erkannte alles wieder in meinen wenigen Strichen.

Die »chinesische Hand« habe ich mir bewahrt. Auch hier in Feldafing male ich oft mit senkrecht gestelltem Pinsel.

Wackersteine und Boviste

Unter allem Unsinn, der unsereinem auf der Akademie beigebracht wurde, war wohl der schlimmste, daß wir kein Schwarz auf der Palette haben durften.

Was wäre denn Beckmann ohne Schwarz? Was wären Rouault und all die anderen Schwarzmaler?

Die von den Impressionisten her tradierte Auffassung, die Schatten hätten »farbig« zu sein, ist freilich auch heute noch verbreitet. Einen Galeriedirektor störten meine schwarzen Schatten unter den üppigen Büschen und Bäumen am Seeufer. Ihm schien das ganze im hohen Mittag gemalte Blatt zu düster, zu schwarz geraten. Ich wartete ab, bis er einmal zu mir heraus nach Feldafing ins Atelier kam, und ich wußte es listig so einzurichten, daß es just zur Mittagsstunde geschah. Gleich führte ich ihn vor das große Fenster und zeigte ihm meinen Ausblick nach Nordwesten – zum Starzenbach mit den geballten Büschen hin, aus denen die Baumstämme der Uferbäume in dichten Bündeln und dann wieder in lockerer Ordnung herausstreben: Die Büsche waren schwarzgrün, und unter ihnen herrschte dunkelste Schwärze. Die Stämme hoben sich schwarz vom hellkobaltenen Himmel ab. Da staunte mein Mann. Er hatte sich verhalten wie die Scholastiker. Er war nie – bis zu seinem fünfzigsten Jahr nicht – mit offenen Augen vor die Natur gegangen, hatte die Tristesse der Natur am hohen Mittag nie gespürt, ihre Schwärzen nie gesehen.

Ich konnte, um ihn ganz zu überzeugen, sogar mit ein paar Zeilen aus einem Gedicht von Conrad Ferdinand Meyer aufwarten: »Schwarzschattende Kastanie, mein windgeregtes Sommerzelt …«

Ich kann es nicht fassen, wie viele Menschen Landschaft überhaupt nicht zu sehen vermögen. Wenn sie wüßten, was sie entbehren! Die Kunsthistoriker können aufs Jahrzehnt genau fixieren, wann erst die Landschaft von den Malern entdeckt wurde. Nach dieser Entdeckung gab es in der Malerei große Landschaftsepochen. Aber in unserer Zeit der Autoraserei wird die Landschaft, scheint's, wieder vergessen. Vom Autotempo in wesenlose, grau verschwimmende Streifen zerlegt, ist sie nur mehr ein Objekt des Umweltschutzes.

Eben fand ich einen Architekturentwurf in der Zeitung: Die Fotografie einer Häuserfront mit einer riesigen Akazie davor. Der Architekt will das mittlere Haus zum Gasthof umbauen und hat es mit dickem Filzstift »Zur Linde« genannt: Er hat die Akazie nicht erkannt, kennt vielleicht nur Linden und Fichten. Für solche Leute, die Natur nicht zu sehen vermögen, sollte es *Eye-opener* geben. (Was meine amerikanischen Freunde mit diesem drastischen Ausdruck meinen, ist freilich nur eine brisante *Bloody Mary* unmittelbar nach dem Aufstehen.)

Wer könnte schon die Bäume, die in meinem Garten wachsen, allesamt bei ihren richtigen Namen nennen? Ich habe die einzige Rüster weit und breit, und meine Kiefer ist hierzulande auch ein seltenes Exemplar. Weißbuchen, von denen bei mir gleich drei wachsen, gibt es ringsum überhaupt nicht, und mein ganzer Stolz ist meine Riesenthuja. Schade, daß ich keine Platane habe. Platanen liebe ich ganz besonders wegen der schönen abstrakten Muster auf ihren Stämmen. Wenn ich so einen Platanenstamm sehe, muß ich sofort wieder an Geor-

ges Braque denken – es gibt Bilder von ihm, die ganz und gar auf den Farben der Platanenrinde aufgebaut sind –, und mir fallen, wenn ich an Platanen denke, auch die Tarnjacken ein, die wir einst tragen mußten. Bei Ernst Jünger las ich, daß die persischen Könige alte Platanen hochschätzten, sie mit goldenen Ketten behängten und von besonderen Wärtern pflegen ließen.

Ich frage mich, wenn ich zwischen den Moortümpeln hocke, warum nur ist dieses Voralpenland – und auch das Gebirge – in unserer Zeit immer wieder so durchaus falsch gemalt worden? Warum um alles in der Welt haben die Maler immer nur diese geleckten Schönwetterlandschaften gepinselt? – Ich habe eine Deutung gefunden: In die Alpen und die Vorberge fuhr man nur bei schönem Wetter. Bei Nebel, Sturm, Regen blieb man zu Hause. In seinem bedrohlichen Zustand wurde das Hochgebirge nur von ein paar unerschrockenen Romantikern erlebt. Das Gros der Gebirgswanderer aber kannte bloß Schönwettermatten und Schönwettergipfel, nicht das Hochgebirge in seinem »wahren« Zustand. Der Bürger wollte das Bild an der Wand über dem Sofa als verklärende Erinnerung an »schöne« Alpenblicke besitzen. Bringt Sonne ins Heim! ist noch heute das von ungezählten Alpenmalern willfährig angenommene Gebot.

Das Kalkalpen-Hochgebirge hat mich selten zum Malen verlockt. Seine Berge haben keine Architektur. Mein Sohn Yves schien als Fünfjähriger mein Problem verstanden zu haben. Von einer Fahrt mit Freunden von der Zugspitze zurückgekehrt, gab er mir aufgeregt Bericht: »Papa – alles kaputt!« – Wenn ich Gebirge malen will, fahre ich bis in die Dolomiten.

»Alles kaputt!« – das gilt auch – und ganz anders – für die Landschaft am Fuß der Berge. Nicht Erosion und andere Naturgewalten sind hier am Werk, sondern der Mensch, der sich hier an den schönsten Stellen in Streusiedlungen breitmacht. Unaufhaltsam fressen sich die Neue-Heimat-Kästen in die Wiesen und Felder vor, und die pflegeleichten Ghettos an den Dorfrändern haben schon viel zuviel Landschaft verhunzt. Das so praktische wie miese moderne Baumaterial verdrängt auch die alten Bauformen. Ganze Dörfer sind endgültig verschandelt, die meisten alten Gasthöfe haben schon keine Sprossenfenster mehr. Ein Wirt nach dem anderen läßt sich Drehkippflügelfenster aufschwätzen. Die Protzerei mit bunten Glasziegeln breitet sich aus wie eine Infektionskrankheit.

Der Landrat hat mir einen Büttenbrief mit zweifarbig gedrucktem Wappen geschickt: Der Landkreis wird heuer fünfundsiebzig Jahre alt. Ich soll meine Verbundenheit mit dem Landkreis ausdrükken – »in humorvoller Weise«. Ich soll mich selbst »ein bißchen humorvoll« darstellen und eine »nette Begebenheit« schildern. Und auch Wünsche für die Zukunft des Landkreises äußern.
Aha, der Landrat will also eine Jubelschreibe – und die ausgerechnet von mir!

Soll ich? Muß ich? Soll ich lieber nicht? Das treibe ich so eine Stunde, dann reiße ich mich zusammen und schreibe los:

»Ich bin immer froh, wenn ich in einer Zeitung den Landrat im Kreise seiner Bürgermeister an reich mit Eßbarem befrachteten Tafeln beim Bier sitzen sehe. Nicht nur, daß da wackere Leute fürs Gemeinwohl ihre eigene Gesundheit schädigen, befriedigt mich, sondern auch, daß sie, wenn sie sich wieder mal zum Essen und Trinken niedergehockt haben, gut beschäftigt sind und nicht neue Straßen, neue Sportplätze, neue Hotels, neue Neue-Heimat-Siedlungen und sonstige Novitäten planen können. Sie sind an den langen Tafeln auf ihre Weise im wohlverstandenen Interesse des Landkreises tätig. Wenn sie doch immer nur tränken und futterten!, denke ich mir, dann bliebe manches beim alten, und das wäre immer noch das beste. Für diese Meinung bietet mir meine Erinnerung die Belege: Die Bilder, die sie von hübschen Vorgärten mit Thujahecken, Baumalleen davor, aus der Zeit vor dem Kriege bewahrt, sind allemal schöner als der Anblick der Maginotlinie an der Feldafinger Hauptstraße oder der Tutzinger Ortsdurchfahrt – von der monströsen Betonmassierung im Starnberger Ortskern ganz zu schweigen. Noch gibt es viel Schönes im Landkreis, noch läßt sich's

leben und der Föhn sich in Kauf nehmen. Aber es heißt jetzt aufpassen, damit die Reize dieser gesegneten Landschaft nicht verschwinden zugunsten der allgemeinen Öde. Das Wort FORTSCHRITT sollte man besser so schreiben: fortschritt. Und wer immer kann, sollte die schönen Bewirtungsbräuche um Himmels willen wacker weiter pflegen, damit Landrat und Bürgermeister ... (siehe oben).«
Bleibt die Neugierde, ob das in der Festschrift auch wirklich gedruckt wird ...

Oben am Golfrasen führt eine Straße vorbei. Auf ihr fahren eine Menge Leute in ihren Blechkästen von Tutzing nach Starnberg oder umgekehrt. An die Landschaft verschwenden sie, das kann ich genau beobachten, keinen Blick. Sie fahren vorbei, doofen wie mit Blindheit geschlagen an all der Pracht hin. Ohne Hinweis »prächtiger Naturblick« oder ohne Schilder »Fotomotiv« sehen sie nichts. Solche Leute ohne Blick für die Natur, stelle ich mir vor, können auch nicht richtig riechen, schmecken und nicht ohne Prothesen aus den Sexshops ins Bett gehen.
In den Kunstmuseen werden neuerdings so lächerliche didaktische Übungen – »Erfahrungsexerzitien« – veranstaltet wie das abwechselnde Anfassen

von Stein und Holz. »Steingefühl« soll so entstehen und »Holzgefühl«. Viel Spaß dazu wünsche ich den Adepten. Hier in der Landschaft könnten sie auch noch Grasgefühl, Wassergefühl, Blattgefühl, Kastaniengefühl und was weiß ich nicht noch für Gefühle entwickeln.

In dem Ski-Ort Canazei war ich einmal mitten unter solchen Sinnen-Krüppeln – allesamt ansonsten topfit. Mehr an winterlichem Glanz und Glorie der Hochgebirgswelt war gar nicht denkbar – aber keiner aus dieser Sportlergruppe hatte ein Auge dafür. Doch dann geschah das Merkwürdige: Abends fand ein Lichtbildervortrag statt, und da staunten sie mit offenen Mündern. Auf der Leinwand war nichts anderes zu sehen als die Marmolata und die anderen Gipfel, die sie den ganzen Tag über um sich hatten. Vielleicht, dachte ich mir, ist das ein Beispiel für den Konserveneffekt, den ich

überall beobachte: In Rohrzuckersirup eingedoste Ananas schmecken manchen Leuten eben besser als frische, und vor van Goghs Sonnenblumen in der Staatsgalerie moderner Kunst in München ist mancher enttäuscht: Die Reproduktionen, die er davon kennt, sind viel bunter.

Auf einmal ist der erste Schnee da. Er ist über Nacht in gewaltigen Mengen gefallen und verschafft mir eine Art Finis-Stimmung.
Wie der Schnee alles verwandelt! Nicht nur die weiße Steppdecke des frisch gefallenen Schnees, aus der nach und nach wieder Dunkles hervorwächst, meine ich, sondern die Schneemassen, die zusammengeschaufelten grauen Berge, die sich zwischen Fahrbahn und Bürgersteigen türmen, die Trichterfelder auf den Straßen, die zu grauem Eis festgefahrenen Placken, die zahllosen Lachen darin mit ihren Himmelsspiegelungen: eine ganz andere Welt – wie pfuscherhaft aus Gips gebatzt. Ich trete, wenn ich jetzt zum Moortümpel vordringen will, überall auf dünnes Glas: Zwischen den Grasbulten ist der Boden flach überfroren. Das Schilf ist schwer von Reif. Jetzt schweben dicke Flocken herab. Die Stille wird zur Totenstille. Ich bin in Sibirien. Tundra.

In meiner Chemnitzer Jugend gehörten Jacquardwebstühle zu den faszinierenden Anblicken. Ich war dabei, wie von einer einzigen Lochkarte gesteuert – wie Jahrmarktsorgeln sie haben –, an fünfzig Webstühlen zugleich Schneelandschaften mit einem röhrenden Hirsch entstanden: bizarre Phantasiealpen, ganz und gar weiß, wie überzukkert. Diese Wandbehänge wurden allesamt in heiße Länder exportiert. Die mit Pyramiden und Kamelen und einer blutroten Sonne am Himmel ließen sich hingegen in Sachsen verkaufen.

Tauwetter herrscht. Der Föhn hat es gebracht. Alles erscheint wie verschmiert, die Konturen aufgelöst. Grauer Matsch auf allen Wegen. Wie schnell die Pracht vorbei ist! Aber dafür bietet die Landschaft jetzt andere Reize: Die viele Feuchte in der Luft läßt alles tonig erscheinen, rückt das Gegenufer in die Ferne. Eine Erinnerung an Holland kommt ins Spiel. Nur schade, daß der See nur alle zwanzig Jahre mal zufriert und man so selten nur mit Schlittschuhen quer hinüberlaufen kann.

Gedankenfetzen von werweißwoher treiben mir durchs Hirn. Ich höre eine Stimme mich in halbem Platt fragen: »Herr Buchhaim, wissen Sie, wer der größte Moler ist?«, und gleich habe ich die ganze

Szene: Unser Flensburger Klischeefabrikant holt mich im tiefen Winter von Hamburg mit dem Wagen ab. Er will mich nach Flensburg karren, um mir seine neuen Kameras und Andruckpressen vorzuführen. Die Fahrt wird schwierig. Glatteis auf der Straße, riesige Schneewehen zu beiden Seiten. Von der linken weht ein steifer Seewind Schneestaubfahnen ab und formt komplizierte Profile – wie von Gaudi erfunden – in die Schneehänge.

Ich wache aus meiner Döserei auf und höre noch einmal: »Herr Buchhaim, wissen Sie, wer der größte Moler ist?«

Und als ich, unwillig, nur den Kopf schüttele, erfahre ich es:

»Der größte Moler ist die Natur selber, Herr Buchhaim!«

»Dictum est«, murmele ich nur.

Aber nachts, im Flensburger Hotelbett, dachte ich darüber nach. So sieht es also das Volk. Wie sehr man sich vor dem Abklatsch hüten muß!

Wenn ich jetzt am See hingehe, habe ich feines Klingeln im Ohr. Früher wußte ich nicht, woher es kommt. Ich dachte, es käme aus meinem Kopf. Dann sah ich: Um die Schilfhalme hatten sich feine Krausen aus Eis gebildet. Die schlugen im Wind und auch, wenn leichter Wellenschlag die Halme bewegte, aneinander und ertönten.

Mir fällt ein Text von Auburtin ein, den ich als junger Mensch – noch vor dem Kriege wohl – zu lesen bekam. Da beschreibt Auburtin, wie er im D-Zug nach Berlin sitzt. Wenn ich mich recht erinnere, herrschte Nieselwetter: Tropfen an den Scheiben, die Landschaft grau in grau, im Vorüberfahren nur ein Vorbeifetzen von Baumschatten und Telegraphenmasten – aber es war die Gegend um Weimar herum, und Auburtin bedachte, wie er da ins monotone Nieselgrau guckte, daß »er« just da draußen gewandelt war »mit seinem Eckermann« ... Mehr wäre damals auch nicht zu sehen gewesen. ›An Weimar vorbei‹ hieß das Feuilleton.

Ich liebe solche Landschaften, die einfach daliegen und einem keine Bewunderung abfordern: triviale Landschaften.

Freunde, die weiter zum Gebirge hin – bei Ohlstadt – wohnen, haben sich ein gewaltiges Panoramafenster einbauen lassen, und jeder, der in das Zimmer mit diesem Fenster kommt, muß »Aah« und »Ooh« machen: Der Blick auf die Zugspitze fix und fertig im Aluminiumrahmen des Fensterstocks. Ich beneide die Freunde kein bißchen. So-

viel Zwang zur Bewunderung würde mich überfordern. Die Baumgruppen auf dem zum See hinabschwingenden Rasen sind mir lieber.

Im alten Urstromtal bei Traubing finden wir Wakkersteine, groß wie vierpfündige Brotlaibe. Solche jahrmillionenalte Gesellen schleppen wir mühevoll bis nach Hause. Wir bekrönen mit ihnen eine Mauer. Von Geologen bekomme ich, wenn ich einen nach der Herkunft der grauen Laibe frage, allzu kargen Bescheid.
Daß mein Garten früher Wald war, erweisen die Bovisternten vor dem Haus. Als Urwald kann ich ihn mir vorstellen – aber aus der Zeit vorher, eben aus jener Zeit, in der riesige Gletscher diese Wackersteine bis hierher trugen, habe ich kein Bild.

Mitten in dem Urstromtal westlich von uns, das einer der größten Gletscher sich ausgeschabt hat, wächst jetzt der Riesenbovist von Raisting zwischen den Riesenparasolen der Spiegelantennen. Der Blick auf dieses Stück Futurismus von der Hirschbergalm her ist es, der mir die Vorstellung eingibt, daß wir auf einem magmagefüllten Ball durchs All treiben: In dem Bovist steckt eine Sende- und Empfangsantenne, die mit einem anderen

Himmelskörper, aber einem von Menschenhand, über dem Indischen Ozean in Verbindung steht.

Die Wackersteine und der Riesenbovist: Blick zurück und in die Zukunft. Ich werde winzig – und dabei war ich doch eben noch wie der liebe Gott höchstselbst, wie ich da auf meiner Gemüsesteige hockend die Welt aus billigen Näpfchenfarben neu erschuf, wie ich mit Pinselstrichen und Pinselhieben, meinen Schöpfergesten, Bilder machte, die sich selber genügen wie die Biegung meines Weges im Mischwald von Feldafing oder wie die Kehre meines Urwaldflusses nahe der Küste von Samoa, wie das Buschwerk in meinem Garten und die Sandbank vor Taiwan, die vielleicht noch nie einer betrat. Ich wünschte, die Vegetation auf meinen Bildern könnte auch weiterwachsen, Blätter abwerfen, neue Sprossen bilden.

Übers Malen

Ich gehe nicht mit Vorsätzen an die Arbeit, habe keinen Stil im Kopf. Ich will kein Rotwelsch, kein Abrakadabra reden. Ich setze ganz einfache, für jeden durchschaubare Mittel ein. Ich will auf direkte Weise Naturform in meine Bildform umsetzen und doch lesbar sein. Klar durchschaubar. Von Angesicht zu Angesicht mit der Natur will ich ihr Sinnbild finden, ihren wesentlichen Ausdruck, also ihre Grundform – sie ohne das irritierende Kleingefüge sehen.

Meist tauche ich den Pinsel zuerst in die schwarze Tusche. Ich gehe so vor, daß ich mein Blatt, nach großen, kompositionsbestimmenden Formen suchend, zuerst einmal mit schwarzen – manchmal auch krapplackroten – Strichen teile. Ich nenne das: die tragenden Balken einziehen. Ich brauche die Schwärze für mein Gerüst, zur Flächenordnung. Meine Lineamente sind mein Fachwerk. Bisweilen gehe ich aber auch von den Farbflächen aus – es gibt da keine Regel. Manchmal geraten die Lineamente zum beherrschenden Element, manchmal die Farbflächen. Meist baut die Wirkung auf dem dicht verbundenen Gewirk aus beiden Elementen, auf Formzusammenhängen und Farbzusammenhängen. Nie aber male ich vorgezeichnete Formen aus. Ich mag die Kolorierer nicht. Auch das Prinzip der Verbleiung von Farbflächen nach dem Vorbild alter Glasfenster, wie Rouault es bisweilen anwandte, ist mein Fall nicht. Meine Näpfchenfarben sind zum Glück so deckend, daß ich mein Linienwerk mit dem Farbpinsel übermalen und brechen kann, wie's mir beliebt.

Meine Art ist es eben, zeichnend zu malen, malend zu zeichnen. Ich zeichne mit der Farbe, male mit der Schwärze – je nachdem. Manchmal muß ich zu guter Letzt die übermalten Linien wieder nach vorn holen, bis Linien und Farben zum fest verbundenen Geweb werden. Wenn ich den Blick zwischen Malbrett und Natur hin und her wandern lasse und das Naturbild schließlich so aussieht, wie ich es auf dem Papiergeviert habe und nicht umgekehrt, dann freue ich mich: Schöpferlaune.

Oft gehe ich das gleiche »Motiv« mehrmals hintereinander an. Beim dritten, gar vierten Mal erst gelingt mir das Bild, das ich in meiner Vorstellung sehe. Nebeneinandergelegt zeigen die drei, vier Blätter dann, wie zaghaft und ans Kleingefüge verzettelt das erste noch ist, daß im zweiten der Duktus sich aus der Beklemmung löst, beim dritten das Zeichnerische, die Schwärzen also überwiegen und daß erst mit dem vierten Versuch Farbe und Zeichnung in die rechte Balance kommen.

Adaptierbare Kunstregeln? Allenfalls die Kirchnersche Maxime: »Die sinnliche Lust am Gesehenen ist der Ursprung aller bildenden Kunst von Anfang an. In der heutigen Zeit übernimmt die Photographie die exakte Darstellung. Die davon frei gewordene Malerei bekommt ihre ursprüngliche Bewegungsfreiheit zurück.«
Darum geht es mir: Den Naturausschnitt vor meinen Augen nicht erst beim Malen in ein flächenhaftes Gebilde umformen, sondern gleich als Fläche sehen. Die Rhythmen aufspüren und verstärken – verdeutlichen. Die Kontraste kräftig setzen, Natur zur Bildordnung formen. Von

links oben bis rechts unten oder von der Mitte nach allen Seiten die gleiche Faktur, dieselbe Handschrift durchhalten. Himmel, Wasser, Buschwerk, Waldsaum als Teile des gleichen Gewebes sehen.
Auf meinem Bild sollen Bäume keine andere Materie haben als Wolken, als Hüttendächer, als Felsen. Sie müssen aufhören, Bäume zu sein, dafür zu Kugeln, Kegeln, Säulen, Fächern werden. Pinien sollen auf meinem Bild den gleichen Wert wie Qualmfahnen von Dampfern haben, eine wirkliche Wolke soll sich ballen wie die Wipfel eines baumbestandenen Hanges. Allen Formelementen das gleiche Gewicht geben – die gleiche formale oder farbige Bedeutung. Kein Vorn und kein Hinten akzeptieren. Ich will mein breitgelagertes Rechteck nicht mit einem Puzzle, nicht mit einem Mosaik füllen, sondern mit einem Fachwerk, das Zug und Druck aushält. Bei aller Emotion immer gliedern und bauen. Sich nicht verzetteln. Die große Form im Auge haben.

Keine langen Herstellungsprozesse – nur Arbeit aus einem Guß. Wenn der Guß nicht gelingt, hilft kein Ziselieren. Es muß dann neu begonnen werden.
Die endgültige Formulierung darf die Mühsal, die

vorausging, nicht mehr erkennen lassen. Die Artisten lächeln auch bei ihren schwierigsten Tricks noch.
Wenn ich Glück habe, ist das Erreichte kongruent mit meinem inneren Bild – also wahrer als die Natur und doch die Natur.

Entdecken, ohne zu wissen, daß man entdeckt. Funde machen, ohne auf Funde aus zu sein. Arbeiten, sich abrackern, immer wieder ansetzen, bis man plötzlich merkt – oder sogar erst Wochen später merkt –, daß man eine Entdeckung gemacht hat, weitergekommen ist.

Mir geht es um Befunde. Ich will keine Zutaten einfügen. So ist die Natur – so habe ich sie gesehen – so war mein Zustand – so war der Zustand der Natur im nämlichen Augenblick. Also keine Phantasterei, nur das Reale: Dokumentation der Natur und meiner selbst, quasi ein Mittelding zwischen Selbstausdruck und Befund. Also nichts darstellen, was nicht aus dem unmittelbaren Erlebnis kommt. Kein Wettbewerb mit den Symbolisten. Was das Auge sieht, ist geheimnisvoll und wunderbar genug, um einen das Leben lang zu beschäftigen.

Ich weiß, welche Appelle Farben ans Gefühl des Betrachters richten, welche Stimmung sie auslösen, für welche Empfindungen sie symbolhaft sind (Rot für Liebe, Violett für Würde, Orange für Freude, Blau für Ruhe). In meiner Malerei aber ist die Farbe ein Element der Komposition, der Rhythmisierung, der Expression in einem bildnerischen Sinne. Wenn ich vor dem Motiv bin, will ich nichts wissen von der Symbolkraft der Farbe.

Ich verbiete mir Gefälligkeit, Aquarelltricks, Eleganz. Das Kalligraphische soll aus dem Schultergelenk kommen und nicht aus den geschmeidigen Pinselhaaren. Ich bin sogar zu Borstenpinseln zurückgekehrt, den gleichen, die ich früher für die Ölmalerei nahm. Mit ihnen kann ich fester in die Farbnäpfchen stupsen als mit Aquarellpinseln, sie spreizen sich unter dem Druck der Hand mit mehr Widerstand als die teuren Dachshaarpinsel: Sie sind im wahrsten Wortsinn widerborstig.

Ich führe keinen Dialog mit der Natur um mich, ich bin aufs Usurpieren aus. Entschlossen, ja gewalttätig und doch zugleich behutsam vorgehen, das ist das Kunststück. Sich nicht von Angewohnheiten gängeln lassen. Ganz frei bleiben. Stil wird schnell Manierismus. Man glaubt dann, man hätte eine Fliege gefangen, aber wenn man die Hand aufmacht, ist nichts drin.

Keine Tricks – dafür aber die Geschenke des Zufalls, der Natur annehmen: Ein heulender Stoß reißt mir das Malbrett zwischen den Knien heraus, gute fünfzig Meter muß ich ihm nachhetzen. Jetzt lege ich es, mit Steinen beschwert, direkt in den Sand und male im Liegen, auf Sand beißend, Sand in den Augen, durchgebeutelt von den Attacken des Sturms. Ich mache eine Entdeckung: Mein halbfertiges Blatt war »mit dem Gesicht nach unten« in den Sand getrieben worden, aber das hatte ihm nicht etwa geschadet, sondern sogar genutzt: Die nasse Farbe war aufgetrocknet. Ich nutze die Entdeckung. Ich streue willentlich, wenn die aufgesetzte Farbe zu sehr verlaufen will, eine Handvoll Sand aufs Blatt, dann schlage ich das Malbrett auf dem Boden auf, und der Wind trägt den Sand weg. Meine Tuschflasche habe ich, damit der Sturm sie nicht umreißt, im Sand vergraben. Mir gerät immer wieder mehr Sand als Farbe in den Pinsel, sogar salzige Spritzer prallen auf mein Blatt. Auch der Sturm hinterläßt seine Spuren in meinem Bild. Ich akzeptiere alles. Der Sturm hat mitgemalt wie der Sand.

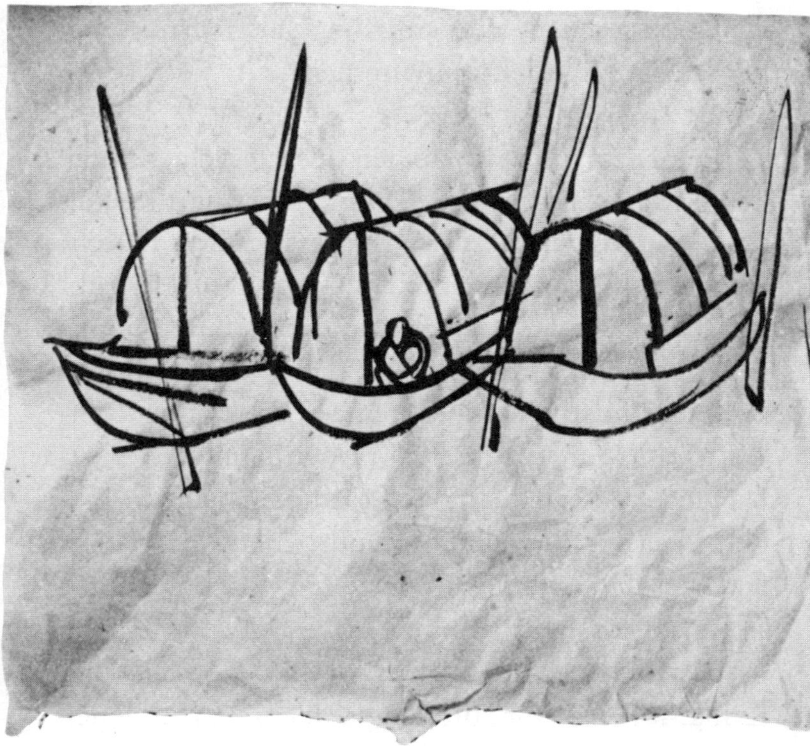

Achtgeben, daß man nicht schematisch wird. Für Häuser, Felsen, Bäume vor allem bieten sich gewisse abgewetzte Formen an, die von allein aus dem Handgelenk kommen, wenn man nicht genau hinguckt. Als Konzentrationsübung immer mal wieder Schiffe malen. Da kann man nicht ausweichen. Ein aufs Papier gestümperter Baum kann noch angehen, ein gepfuschtes Haus bricht nicht gleich zusammen, aber ein vom Maler verunstaltetes Schiff kann nicht schwimmen.

Ja keine Virtuosität, keinen leeren Schlendrian, keine Mätzchen ins Spiel bringen, keine Eitelkeiten, kein Modern-sein-Wollen. Präzises Durchzeichnen hin und wieder, mit genauem Hingukken. Dem Detail nachspüren. Auch Fingerübungen, Etüden, Formspiele, ganz abstrakte, poppige, auch jugendstilige Lineamente, geschweifte Rankenwerke, nur so zum Spaß. Aber dann wieder das Ganze vergessen. Sich die Geschicklichkeit verbieten. Wie mit der linken Hand malen oder gleich den Pinsel in die unroutinierte Linke nehmen. Sich selber auslöschen, Können und Erfahrung nur im Unbewußten wirken lassen. Auf den Ausdruck der Kalligraphie setzen, die Magie der frei erfundenen Zeichen. Und doch konkret sein. Faßbar. Konkretes – nicht Naturkongruentes hervorbringen. Ex ovo zeichnen oder malen. Sich Mühe geben, alles zu vergessen, was man weiß, was man je gesehen hat. Perfektion – das ist eher eine Crux. Mit Perfektion ist gar nichts auszurichten. Die Linkshändigkeit, die *gaucherie,* kann einem Blatt mehr Reiz geben als Perfektion. – Ich habe bei der Durchsicht alter, bereits verworfener und zum Bemalen auf den Rückseiten bestimmter Blätter erfreuliche

Entdeckungen gemacht, dafür Bravouröses, von dem ich einst animiert war, aus meinen Mappen ausgesondert.

Für mich ist Malen wie Schlafwandeln auf dem First. Mich darf keiner anrufen. Wenn es doch einer tut – wenn einer sich anpirscht und mich anquatscht, ist es aus. Mein Bild stürzt ab. Nichts kann es mehr retten. Ein Wort aus dem Hinterhalt genügt, um alles kaputtzumachen. Ich muß dann meine Sachen einpacken, meines Zorns und meiner Trauer Herr werden, weggehen, mich sinken lassen und darauf warten, daß mich der Blitz noch einmal trifft.

Ich muß beim Niederschreiben meiner Augeneindrücke auf Intuition bauen, hoffen, daß etwas einfließt, das ich nicht steuern kann, wenn ich die Erscheinung in Linien und Flächen zu fassen versuche – die Gestik der Landschaft, ihre Topographie, die sinnliche Schönheit vor meinen Augen. Ich will ja mehr geben als den unmittelbaren Augeneindruck.

Ich kann nur instinktiv und impulsiv arbeiten. Ich muß außer mir sein. Wenn ich ganz hingenommen bin, kenne ich weder Müdigkeit noch Schmerzen.

Dann pumpe ich mich bis zur völligen Erschöpfung aus. Gegen die spürbaren Proteste des alten Adam weiß ich Sprüche wie diesen: »Man muß die Feste feiern, wie sie fallen.« Oder ich komme mir mit Vernunft: Wahrscheinlich siehst du das alles nie wieder. Jetzt ist jetzt. Jetzt mußt du Vorräte speichern, von denen sich später zehren läßt.
Das heißt also: frisches Wasser in die Plastikkanne, einen neuen Bogen aufspannen – keinen ganz weißen bei dieser grellen Blendung, zwei, drei Farbnäpfchen auswechseln und ab dafür.

Die Flagellanten sind meine Brüder im Geist, nicht die milden, orangegewandeten Buddhistenmönche.

Wenn ich in Rage, wenn ich auf Touren bin, male nicht ich, dann malt »Es«. Weiß der Henker, was für ein »Es« das ist.
Unlösbares Problem: Wie kann man sich ganz wegdenken, ganz und gar Medium werden, das »Es« als Alleinherrscher inthronisieren? Natürlich hilft mir, wenn ich das Bewußtsein ausschalte, die Sicherheit, die mir in tausend Übungsstunden zuwuchs: Ich habe mein Format »im Griff«, weiß, was ich meinem Material abfordern kann, wie sich meine Farben mischen, weiß, wie ich sie zu setzen

habe: kompakt oder transparent, hell oder dunkel, rein oder gebrochen, wie mein Papier den Pinselstrich saugt, schluckt oder verlaufen läßt: Alles ist erprobt.

Ich gehe die Sache zwar ohne Plan und Absicht an, aber ich habe meine Griffe wie ein Pianist. Ich kann schon nichts leisten, wenn das Papierformat nicht stimmt. Ein Pianist könnte ja auch nicht mit größenveränderten Tasten spielen.
Manchmal wirkt »Es« schon bei der Motivwahl mit. Kurz nach dem Kriege malte ich auf großformatigen Pappen die Voralpenlandschaft ums Haus, die Torfstiche und Moorwiesen mit trockenen Pastellstiften, wohl aus Widerwillen gegen die fettige Ölmalerei der Akademiejahre. Später nannte ich die Pastelle »meine vergitterten Bilder«: Immer ist viel Unterholz, ein Gewirr spießender Ruten im Vordergrund. Ausdeutungswütige Psychologen werden es da leicht haben.

»Aktuell« ist, wie ich male, sicher nicht. Statt Sinnlichkeit in der Malerei gelten blutleere Fingerübungen, sterile Reihungen, geistreichelnder Firlefanz.
Was ist eigentlich los mit der Welt? Die Leute schwofen ja nicht mal mehr. Man muß schon in

Vorstadtkneipen gehen oder in die Heide Volm in Planegg, wenn man Paare hingegeben tanzen sehen will. Reduzierte Marionetten überall: nichts hören, nichts sehen, nichts riechen. Alle eingeschwenkt auf die Mittellinie: Duckmäuser, Angepaßte. Und in der Kunst zählen nur mehr die Markenartikelhersteller. Wer einmal einen Nagel schlug, schlägt immer Nägel. Wer einmal mit spitzer Radiernadel kritzelkratzelte, kritzelkratzelt immer. Fettecke zeugt Fettecke, weißes Karo weißes Karo – und doof bleibt doof.

Vor der Natur ficht mich all das neunmalgescheite Gerede von zeitadäquater Motivwahl nicht an. Baum ist Baum. Fluß ist Fluß. Das Chef d'œuvre inconnu ist nicht mein Fall. Keine anämische Geistreichelei. Mir geht es um Hauen und Stechen: Sichtbarmachen.

Man kreidet mir, je mehr ich mich meinem Furor hingebe, an: Expressionismus – nicht zeitgemäß. Zum Teufel mit solchem Gerede. Ich habe Kirchner, Heckel, Schmidt-Rottluff natürlich in mich hineingefressen – schließlich stamme ich aus Chemnitz. Aber ich habe sie, so meine ich, auch verdaut. Wenn etwas geblieben ist – »ins Blut gedrungen«, wenn wir hochtraben wollen –, soll's

mich nur freuen. Ich habe aber noch ganz andere liebe Gevattern, die beim Arbeiten um mich herum sind: Bresdin, Chi Pai Shih, Seghers – die kennt man nur nicht so gut und übersieht sie deshalb im Gedränge.

Natürlich habe ich wie Naturbilder auch Bilder von Bildern gespeichert. Manchmal schieben sie sich auch von allein nach vorn. Ich sehe dann die Natur mit fremden Augen. Ich sehe Sisleys, Pissarros, Kirchners, van Goghs. Aber wenn ich mich, mit einer gelben Landschaft vor mir, ans Malen mache, tilge ich solche Erinnerungen. Ich lasse mich nicht bevormunden.

Ich kann, weil ich in so vielerlei Beschäftigungen verfangen bin, immer nur »sporadisch« malen. Monatelang verharre ich in Lauerstellung: Ich warte auf den Schub. Aber dann, wenn er kommt, bin ich nicht mehr zu halten.
Distanzierte Betrachtung, etwa in Ernst Jüngers Art, liegt mir nicht. Ich möchte Blattorange und Himmelsbläue fressen, mich in der weißgrünen Tauwiese wälzen, ehe ich sie male. Ich könnte Libellen oder irgendwelche Flatterer auch nicht aufspießen, es sei denn, ich wollte sie abzeichnen.

Vor der Natur komme ich aus dem Staunen nicht heraus. Ich werde zum Nimmersatt. Ich fröne der Gier, mich mit Bildern förmlich vollzuschlagen. Wohin ich auch schaue – alles könnte ich malen. Ich werde gleichzeitig von einem Dutzend Spannungsfeldern erreicht. Ich brauche mich dann gar nicht mehr vom Platz zu bewegen.

Planen, fixiertes Wollen, Vorsatz – nichts davon: Ich bin Beute. Getrieben, vors Motiv geprügelt. Ich könnte mich gar nicht widersetzen.

Hochgradig erregt, gefordert, gehe ich mit meinem Malzeug wie zum Duell.

Manchmal ficht mich Neid an auf die Leute, die ohne Pulserhöhung, ohne Atemstoßen, bequem in den Sessel gehockt, das Malbrett auf Oberschenkel und Tischkante aufgelegt, waagerechte Näpfchenpalette neben sich, vor sich hinzumalen imstande sind. Gesammelt und besonnen wägen sie jeden Strich bedächtig ab. Wie sie das nur schaffen ...

Ich habe nichts mit den Esoterikern gemein, die im Atelier Landschaften konstruieren, sich wie die Scholastiker einigeln und fade Surrogate pinseln. Ich mag mich ja auch nicht von Pulvern und Pillen ernähren, auch wenn man mich überzeugt, daß sie voller Nährsalze und Vitamine stecken. Mir ist das volle Safttriefen aus den Mundwinkeln allemal lieber.

Es muß flutschen: Dazu gehört eine Menge. Die richtige Luftfeuchte zum Beispiel. In Mexiko zu malen war eine rechte Qual. Das Feuchte meines Pinselstrichs verzischte nur so. Und wenn hier gegen fünf Uhr im Herbst der Nebel aufkommt, kann ich gleich einpacken, weil mir doch alles davonschwimmt.

Papierstruktur, Papierton, Pinselwiderstand – alles ist wichtig, entscheidend. Ich habe mich, um mich leichter zu tun, an ein Standardformat etwa 50 × 60 gewöhnt und meine Gerätschaften mehr und mehr verringert. Jetzt sind es nur noch: Tuschflasche, zwei harte Pinsel, Borstenpinsel mit Schweinsborsten, einer rund, der andere flach, ein Schulmalkasten billigster Art, Preßfaserplatte mit Ingrespapier, fürs Wasser ein Plastikeimer, in dem mal Honig war, und die alte Gemüsesteige.

Ich frage mich, was für einem Trieb ich da fröne, wenn ich meine Umwelt darstellen will. Ist es ein innerer Motor, der mich antreibt? Es juckt mich – es zuckt mir im wahrsten Wortsinn in den Fingern. Wie Musik mir in die Beine schießt und mich zum Tanzen anstiftet, so wird meine rechte Hand zapplig. Ich kneife wie von allein die Augen zu, ordne, sehe alles im Geviert meines Bildes, sehe nichts als Bilder. Der Malzwang gehört zu den Zwängen, die nicht abschüttelbar sind. Am besten ist es allemal noch, ich folge ihm, packe meine Siebensachen zusammen und stiefele los. Im Grunde, das weiß ich, tue ich dieses Malwerk nur für mich. Früher glaubte ich noch, ich wolle mich mitteilen, meine besondere sinnliche Reizbarkeit für andere nacherlebbar machen, bis ich dahinterkam: Darum geht es mir gar nicht. Ich will für niemand anderen, nur für mich Bilder einsammeln. Ich will den Rausch spüren. Beim Malen meine Nerven vibrieren fühlen. Wenigstens in diesen Augenblicken in einer höheren Identität mit mir selber leben, mehr sein als das bißchen Fett, Wasser, Kalzium, Schwefel, Aminosäuren oder aus was sonst noch dieser bresthafte Corpus bestehen mag.

Vor manches Motiv habe ich mich zwanzigmal oder öfter gehockt. Zu jeder Jahreszeit. Ich konnte seine Strukturen längst auswendig schreiben. Gut möglich, daß solches Sich-Verbeißen monomanisch ist. In der Bretagne trieb es mich sicher monomanisch um. Es ist schon eine Art von Verrücktheit, die einen peitscht und schindet.

Ich lege immer neue Reservoirs von Skizzen an. Das ist auch eine Manie – was denn sonst? Ich habe tausend Skizzen in meinen Schreibfächern, allesamt Belege meines verrückten Umgetriebenseins mit hochgespannten Nerven. Ausbeuten kann ich die tausend Skizzen nicht.
Auch was ich an Malbeute ins Haus bringe, staple ich meist, ohne jemand einen Blick darauf werfen zu lassen, zu Stößen, die ich Jahre hindurch nicht mehr durchsehe. Ich grapsche eben alles zusam-

men wie ein Eichhörnchen, das seine Lager später wieder vergißt.
Wenn ich dann halb per Zufall wiederentdecke, was ich vor Jahr und Tag gemalt habe, gibt es soviel Schrecken wie Bewunderung. Vieles wird zum Verbrennen verdammt, anderes läßt mich zweifeln, daß ich das je vollbrachte, so gut erscheint es mir. Blätter, denen ich mißtraute, weil sie mir unbeholfen vorkamen, zeigen auf einmal, daß sie bei aller Ungeschicklichkeit Charakter haben – widerborstige, aber standhafte Bilder.

Nachwort von Herbert Pée

Lothar-Günther Buchheim, 1918 geboren in Weimar, aufgewachsen in Chemnitz, Rochlitz und Schneeberg und seit seinem zwanzigsten Lebensjahr bei München ansässig, ist als Kunstbuchautor, als Verleger, zeitweise als Kunsthändler, als Sammler, als Autor von Fotobänden (›U-Boot-Krieg‹, ›Mein Paris. Eine Stadt vor dreißig Jahren‹, ›Staatsgala‹) und endlich als Schriftsteller (›Das Boot‹) bekannter geworden denn als Maler. Alle jene anderen Tätigkeiten, die er nicht wenig erfolgreich als Selfmademan angegriffen hat, haben den Maler Buchheim verdeckt und ihm oft über Jahre hinweg die Zeit genommen, sich diesem einzig erlernten Berufe hinzugeben. Er war schon früh ein virtuoser Zeichner, galt als Wunderkind auf diesem Gebiet und hat bereits als achtzehnjähriger Schüler die ins wirtschaftliche Unglück geratene Familie mit seinen Künsten ernährt. Die Erfahrung, sich gegen Widrigkeiten behaupten und mit seinen Fähigkeiten etwas bewirken zu können, hat schon damals ein Selbstbewußtsein in ihm entstehen lassen, das ihn bis heute nicht verlassen hat. Ich habe den Jüngling Buchheim nicht gekannt, aber ich kann mir vorstellen, daß er sehr bald etwas vom existentiellen Risiko des Lebens zu verspüren bekam und sich bereit machte, es auf die Hörner zu nehmen. Vorerst ging er, seiner Begabung folgend, 1936 auf die Dresdener Akademie, auf der er laut Ausweis seiner Zeichnungen nicht viel hinzugelernt zu haben scheint. Jenseits der in den Hochschulen einzig verabreichten Nazikunst geriet er als Chemnitzer und nunmehr Dresdener auch mit der als »entartet« verfemten Malerei der expressionistischen Brücke-Künstler Heckel, Schmidt-Rottluff, Kirchner und Pechstein in Berührung, mit deren aufbegehrenden Frühwerken der Jahre vor dem Ersten Weltkrieg. In dieser Malerei erkannte Buchheim sich selbst und sein eigenes Temperament so deckungsgleich wieder, so sehr empfand er sich identisch mit solch ausdrucksmächtiger, sinnenhafter und erlebnisstarker Kunst, daß sie ihm zur unanfechtbaren Leitfigur für seine ganze künstlerische Existenz wurde. An der Münchener Hochschule, an die Buchheim 1939 zu Hermann Kaspar ging, waren die Verhältnisse nicht minder zwanghaft als in Dresden. Buchheim war ein guter Zeichner, der vom anfangs gern spukhaft-phantastischen zu einem leicht expressiven Realismus gelangt war, der über das, was in der Person angelegt war, freilich noch wenig aussagte, da diese sich nicht frei entfalten konnte. Nebenher und zum Broterwerb malte Buchheim in Öl auch eine Anzahl von Porträts ganz in der lebhaften Manier Leo von Königs, ein Schlupfloch gleichsam in Richtung auf den so sehr bewunderten Expressionismus. Eine angeborene Vitalität ließ es jedoch nicht beim Zeichnen und Malen bewenden. Als Ergebnis einer Paddelbootfahrt die Donau hinunter schrieb er ein Buch, das unter dem erklärtermaßen expressionistischen Titel ›Tage und Nächte steigen aus dem Strom‹ 1939 bei S. Fischer erschien. Schon der gerade erst Großjährige mochte sich nicht auf nur einen Sektor kreativen Hervorbringens beschränken. Ausgreifende schöpferische Ungeduld scheint schon immer für diesen Mann charakteristisch gewesen zu sein.

Buchheim ließ sich, als es soweit war, nicht zu irgendeiner Truppe einziehen, sondern wählte sich die Waffengattung selbst. Er meldete sich freiwillig zur Marine, dem abenteuerlichsten und anscheinend am freiesten und in die Weite operierenden Wehrmachtsteil. Das war eine Wahl nach seinem Temperament, aber er hatte nicht vor, sich verheizen zu lassen. Er brachte seine Zeichnerei und seine schriftstellerischen Fähigkeiten ins Spiel und war binnen kurzem Marine-Kriegsberichterstatter im Leutnantsrang. Als solcher war er weniger an den abtötenden Regeldienst gebunden als andere Soldaten. Dienst war für ihn Zeichnen und Schreiben nach zumindest halbwegs freiem Ermessen (sofern er nicht im Einsatz auf See war), und es blieb auch genügend Zeit, um privat künstlerisch tätig zu werden. Die dienstlichen Zeichnungen der Kriegsschiffe und ihrer Besatzungen sind exakt, gekonnt, auch beteiligt, aber ohne weitergehenden künstlerischen Anspruch als den des realiter Berichtenden. Anders die freien Arbeiten von der bretonischen Felsenküste, den zerklüfteten Steilabfällen, die gegen das anbrandende Meer stehen, den steinernen Bauernhütten und den leergelaufenen Ebbefeldern. In ihrem Strichgefüge zeigt sich ein weiterführender Ausdruckswille, der in der Person des Malers angestaut lag und zudem von der expressiven Gewaltsamkeit dieser Landschaft in Bewegung gesetzt wurde. Mit dreiundzwanzig, vierundzwanzig Jahren beginnt hier der Weg des

Künstlers zu sich selbst. Die gegenüber früher ungleich stärker sich manifestierende Erlebniskraft hat in der Tendenz ihre Entsprechung in den so extremen menschlichen Situationen, denen Buchheim als Kriegsberichter auf U-Boot-Einsätzen ausgesetzt war, jenen an Visionen der Hölle gemahnenden Selbstbehauptungskämpfen gegen den Feind und gegen das Meer, wie er sie in seinem Buch ›Das Boot‹ hat wiederauferstehen lassen. Sie formten die Unerschrockenheit des Mannes, die ihm und nicht weniger seiner Malerei bis heute eigen ist.

Was in den ersten Jahren nach dem Krieg entstand (vielfach waren es Pastelle), setzte den eingeschlagenen Weg in etwa fort, nur daß an die Stelle des dramatischen Vorwurfs »Bretagne« das mildere Thema einer oberdeutschen Baum- und Wiesenlandschaft trat. Oft sind diese Ansichten von Vordergrundsgebüsch verstellt, das ein energisch und rastlos umherfahrender Strich gern zum Hauptmotiv des Bildes werden läßt, halb angepeitschter Impressionismus, halb, sieht man aufs Detail, wie Informel, das damals in der Luft lag. In den Pastellporträts des Mädchens Gwen vorübergehend Französisches, direction Matisse. Buchheim wandte sich dem Kunsthandel zu und brachte vor allem die klassische französische Moderne nach

Deutschland. Die eigene Malerei ließ er für Jahre liegen.
Um wieder zu beginnen, war offensichtlich das Stimulans »Bretagne« mit den so vertrauten Felssenstränden, den steinernen Dörfern, den Booten und Schiffen und dem drohenden Meer vonnöten. Als Buchheim 1952 dort wieder anfing zu malen, hatte inzwischen manche französische Kunst auf ihn eingewirkt, und obwohl er sich gegen jede Überfremdung wehrte, ist doch in den nun voll und schwer gewordenen, ausdrucksgesättigten Blättern weniger etwa, wie man es nach dem oben Gesagten vielleicht hätte erwarten können, ein Nachklang der deutschen Kunst der Brücke zu verspüren als eher die fest gebaute, drängend verdichtende Malerei Vlamincks. Dieser Flame, einst einer der Fauves, war freilich der expressivste Maler inmitten der Franzosen und damit nicht wenig geeignet, den neu anhebenden Maler Buchheim voranzuführen.
Die Blätter, die 1952 in großer Zahl entstanden, stehen zeitlich wie im Stil in der Mitte zwischen den früheren bretonischen Arbeiten von 1941/42 und dem späteren Werk, das nach einer langen Pause erst wieder im Jahre 1965 einsetzt. Sind sich die Motive von damals und jetzt noch durchaus ähnlich, so ist ihre Vergegenwärtigung nun

ungleich kraftvoller in Szene gesetzt. Mit großer Entschiedenheit, dergegenüber alles Bisherige sich fast zaghaft ausnimmt, umschreiben und befestigen breite schwarze Tuschkonturen die Form, wie es von nun an charakteristisch für Buchheims Malerei wird. Das Schwarz bildet fast immer das tragende Gerüst seiner Bilder. Die Farben sind in jener Zeit zumeist schwer und stumpf und stehen fest gedrängt und ohne lockeren Fluß in den Feldern der Form. Ihre dichte Konsistenz war nur mit deckenden Farben zu erreichen, die Buchheim hier gegen das sonst von ihm bevorzugte leichte und transparente Aquarell vertauschte. Befreit von früheren Zwängen und mittlerweile vertraut mit der Ausdruckskunst des Expressionismus, übersetzte er das mit allen Sinnen aufgenommene Naturmotiv in eine ihm nun gemäße große und starke Form. Das ist auch den Stilleben abzulesen, die nach der Rückkehr aus der Bretagne entstanden. Abseits von allem dunklen Norden malte er 1953 auf Elba die sonnendurchglühten Mittagsstunden des Pan, die Felsen- und Gebüschverstecke jenes Halbgottes, dessen Wesen wohl auch zu den Ingredienzien der Person Buchheim gehört.

Im weiteren Verlauf der fünfziger Jahre verlor er wiederum den Faden zur eigenen Malerei. Anderes nahm sein Interesse voll in Anspruch. Des Handelns mit Kunst recht schnell überdrüssig, verlegte er sich mit der ihm eigenen Vehemenz auf das Sammeln von Kunst. Die Zeiten waren damals noch günstig dafür, und Buchheim griff mit Gespür und Energie und mit vollen Händen zu. Er machte keine halben Sachen und trug unter Entbehrungen bis heute eine der bedeutendsten Sammlungen des deutschen Expressionismus, vornehmlich der ihm so nahen Brücke-Künstler, zusammen, von seinen Franzosen (Picasso, Braque, Léger, Matisse u. a.) zu schweigen. Gleichzeitig baute er einen Kunstbuchverlag auf, nicht zuletzt, um dort seine eigenen Bücher herauszubringen. Sammeln bedeutete für ihn zugleich auch Reflektieren und Schreiben über diese Dinge. Er verfaßte Bücher über die Brücke und über den Blauen Reiter, über die Graphik des Expressionismus, über Beckmann und gleich zwei über Otto Mueller, höchst persönliche und griffest zupackende Interpretationen, die zu den anschaulichsten und informativsten Darstellungen dieser Kunstepoche gehören. Daneben eine Fülle kleinerer Abhandlungen, ernsthafte, liebevolle, ironische und höhnische bis hin zur ›Kunst, Witwen zu verbrennen‹ und – später – eine Serie von Posters, die auf originelle Weise die Pop-art persiflieren. Weiterhin entstand gleichzeitig auch noch der große Kunstkalender-Verlag.

1965 fingen auch die Bilder wieder an. Sie sind nicht wenig verwandelt, sieht man auf das Frühere. Man kann das an den 1966 wiederum an den gleichen Plätzen in der Bretagne entstandenen Blättern verfolgen. Sie sind gegenüber der einstigen verfestigten Schwere nun locker und fließend mit klaren, transparenten Aquarellfarben gemalt. Eine um vieles leichtere und freiere Hand scheint den Pinsel über das Papier zu führen. Die Motive, vornehmlich Felsküsten und immer wieder Boote und Schiffe, sind mit schnellen, skizzenhaften Pinselschlägen niedergeschrieben, die die Dinge mehr imaginieren, als daß sie sie de facto bezeichneten. Es ist, als habe ein Impressionist dem weiterhin aufs Expressive bedachten Maler die Augen geöffnet für das Licht (viel weißer Grund bleibt stehen) und für hell aufleuchtende Farben und für deren beider irisierende Bewegung im Bild. Deutlicher wird nun das ungeduldig antreibende Temperament des Malers, das die Darstellung als Energie durchfährt und zugleich zu Form bezwungen wird. Farbigkeit und Duktus der Malerei lassen verschiedentlich an frühere Brücke-Aquarelle etwa Schmidt-Rottluffs denken. Blätter des gleichen Jahres 1966 aus Südfrankreich und aus Feldafing, dem Wohnort Buchheims, lassen nicht anders die Freude an der neu gewonnenen Technik des hellen, rasch hingesetzten, locker und durchsichtig verfließenden Aquarells erkennen. Um sie zu bemeistern, bedarf es äußerster Konzentration, einer spezifischen Bereitschaft (Buchheim nennt es »high« sein) und des Fernhaltens jeglicher Ablenkung. So kommt der rastlos mit anderem Beschäftigte eigentlich nur auf Ferienreisen zum Malen und erst in jüngster Zeit wieder zu Hause in der Landschaft rings um Feldafing.

Buchheim wäre nicht Buchheim, wenn er an solchen »schönen« Blättern ein Genügen fände. Auf einer Italienreise 1967 reißt der Pinsel die Motive gewaltsamer aus der Natur, werden die Dinge großformiger, mächtiger und beladen mit Ausdruck, und Schwärzen nisten sich erneut in die wieder sonorer werdende Farbigkeit. Während eines vorerst letzten Bretagne-Aufenthaltes im Jahre darauf geraten dann schnellflüssige Pinselschrift und drängend angespanntes Ausdrucksstreben, entschieden zupackender Griff und hohe Sensibilität der malerischen Faktur erstmals ganz zur Synthese. Was dabei hie und da an Feinheiten verlorengeht, wird an elementarer Nachdrücklichkeit hinzugewonnen, und alles ist überströmt von voller, starker Sinnenhaftigkeit. Aber auch gelöst hinfließende Aquarelle gelingen noch zu dieser Zeit an der Sturmküste Nordfrankreichs oder daheim am Maisinger See.

Buchheims Thema ist die Landschaft, die bewegte Ausdrucksgeste der Naturform, die Entfaltung ihrer Farbregister. Ihre Übersetzung ins Bild erfolgt stets in Richtung auf die expressive Steigerung des mit Leidenschaft erlebten Motivs und nicht durch ein kühles Herauskristallisieren ihrer insgeheimen mathematischen Konstruktion. Er folgt den deutschen Expressionisten, deren emotionaler Weltsicht er sich verbunden fühlt, und nicht der Ratio des Franzosen Cézanne, der die Malerei in Richtung auf die reine Form in Bewegung gesetzt hat. Unbeeindruckt von dieser säkularen Veränderung der Kunst und deren Folgen optiert Buchheim für die in seinen Augen auch heute weiterhin und nicht weniger lebensberechtigte Malerei des spontanen, sinnlich gesättigten Ausdrucks. Sein künstlerisches Selbstbewußtsein ist ungebrochen, es kennt keinerlei Anfechtungen.
1969 fand der gut Fünfzigjährige endgültig zu seinem persönlichen Stil. Es ist das bisher fruchtbarste Jahr für seine immer nur mehr oder weniger am Rande anderer Tätigkeiten ausgeübte Malerei. Jetzt aber scheint er mehr denn je dabeizusein.

Ganze Gruppen von Aquarellen entstanden in Feldafing und herüber bis Maising und Andechs, auf einer Reise durch die Dolomiten und auf einer Ferienfahrt nach Spanien. Die Dolomitenbilder erhalten nun zunehmend massive Schwere und Wucht, Eigenschaften, die nicht nur von der Monumentalwelt der Berge herbeigeführt werden, sondern ebenso von der groß und ernst gesehenen, dicht gedrängten Form und einer vollen und dunkler werdenden Farbigkeit. Gewiß kommt die dramatische Szenerie des Hochgebirges in den absinkenden Farben des Abends Buchheims Ausdrucksempfinden entgegen – sie berauscht ihn wie ehedem Ernst Ludwig Kirchner in Davos –, doch die gleiche Verschwerung und Verfestigung kennzeichnet auch die im gleichen Jahr gemalten Blätter vom Maisinger See und von den Weiherlandschaften zwischen Feldafing und Andechs. Breite schwarze Konturen umschließen die Form und bringen ihre Bewegung nahezu zum Stillstand. Das kann bis zu grün-schwarzer Düsternis führen und zum erkennbaren Hervortreten einer alles ergreifenden Melancholie, die in den Dunkelheiten Buchheimscher Aquarelle stets insgeheim gegenwärtig ist.

So konnte er auch schnell in Übereinstimmung gelangen mit der schwermütigen Landschaft Spaniens, in der er 1969 eine Anzahl seiner besten Aquarelle malte. In ihnen tritt verstärkt das graphische Element hervor, ein frei und lebhaft hingeschriebenes Lineament von großer Kraft der Imagination, das auch die anschließenden Feldafinger Winterbilder bestimmt. Hier erweist sich Buchheim als ein Maler von erheblicher Sensibilität für die lebendige Aktion der Linie und ihre spontane Beweglichkeit in Fläche und Raum. In Spanien auch entwickelte er einen nun noch stärker ausgeprägten Sinn für den vielschichtigen Wandlungsreichtum der Farbe.

Ein neuartiges Thema fand Buchheim 1971, als er daran ging, das Innere des Waldes, die Summe vertikaler Baumstämme zu malen. Schon früher war es ihm oft um dichtes Gebüsch oder um aufschießende Schilfbarrieren gegangen, die gitterartig das Bild verstellen. Was damals eher rauh und spröde, gelegentlich wie Stacheldraht in Erscheinung trat, ist nun im neuen Motiv klarer, versammelter und gelassener geworden, geradliniger im Ausdruck und empfindsamer in der Malerei. Die verschiedenartigen Komponenten dieser Kunst, die sich nach und nach zu erkennen gaben, sind nun in eins zusammengewachsen.

Im Frühjahr 1972 machte sich Buchheim auf zu seiner größten Malreise, zu den Inseln der Südsee und nach Ostasien, zu jenen paradiesischen Welten, die vor ihm Gauguin und die Expressionisten Emil Nolde und Max Pechstein herbeigerufen hatten. Drei Monate besessener Arbeit ließen an die hundertzwanzig Aquarelle entstehen und etwa ebenso viele Tuschpinselzeichnungen, die größte Produktion, die er je in einer Folge zusammengebracht hatte. Das entscheidende und ihn mitreißende Erlebnis auf den pazifischen Inseln war die Begegnung mit der elementaren Erscheinung einer von Zivilisation noch kaum berührten Natur, einer Natur im schwellend ursprünglichen Zustand, der, meidet man die Zentren des Tourismus und die Zonen amerikanischer Verunstaltungen, die domestizierende Menschenhand noch kaum etwas hat antun können. Er stürzte sich in die Herausforderung, die widerspenstig fremde Formenwelt der tropischen Vegetation in die eigene Zeichensprache zu übersetzen, sich ihrer überbordenden Farben zu bemächtigen und dem Ansturm des Lichts, der Hitze und der Feuchtigkeit, die alles dort umfangen halten, Einlaß in seine Bilder zu verschaffen. Solches Aufeinandertreffen stimulierte die sinnliche Reizbarkeit des Malers aufs äußerste. Buchheim befindet sich gegenüber seinem Objekt nie in kritisch distanzierendem Abstand. Er läßt sich vom Sinneseindruck überwältigen und verwandelt ihn in einer Art atemlosen Kampfes mehr stürmisch intuitiv als gemessen überlegsam in Bildgestalt, Bildrhythmus und anbrandende farbige Erscheinung. Das Gehäuse eines inzwischen komplex ausgebildeten persönlichen Stils stand bereit, um nun auch diese fremden, jenseits unserer gewohnten Umwelt angesiedelten Eindrücke aufzunehmen und zu bewältigen.

Entschieden andersartig als die Blätter von den Inseln der Südsee gerieten die Aquarelle in Taiwan und Siam. Vom Menschen bearbeitete und geprägte Landschaft steht hier an Stelle der wild gebliebenen Natur Samoas oder der Karolinen, und dahinter und darinnen sind alte Hochkulturen gegenwärtig anstatt der primitiven dort. Dieser veränderte optische und geistige Hintergrund überträgt sich auch auf Buchheims Aquarelle. Nicht weniger expressiv im Habitus, erscheinen sie doch gezähmter, und unversehens strömt etwas von ostasiatischer Kalligraphie in sie ein, jener hochartifiziellen Linienschrift, die für die Primitivkulturen der Südsee undenkbar ist. Als Buchheim die dortige Technik anwandte, mit senkrecht gestelltem Pinsel zu malen, entstand wie absichtslos mit Felsschichtungen und Wasserlauf ein nahezu chinesisches Kunstwerk. Er ist früher schon einmal in Ostasien gewesen (ohne dort zu malen) und hat auch über chinesische Kunst geschrieben. Sie führte ihm nun noch einmal vor Augen, wie sehr es zum Wesen der Malerei gehört, Zeichen zu erfinden für die ansichtigen Formen der Natur, sie statt dieser im Bilde niederzuschreiben und ihnen Ausdruck und Magie zu verleihen.

OTHAR-GÜNTHER BUCHHEIM, „von Haus aus Maler“ wie er :gt, aber auch Schriftsteller, Journalist, Fernsehreporter, Verleger, Filme- acher, Fotograf und Museumsgründer, geboren 1918 in Weimar, ver- achte seine Kindheit und Jugend in Chemnitz. Bereits mit vierzehn hren als zeichnendes und malendes „Wunderkind“ Mitarbeit an Zei- ngen und Zeitschriften sowie Teilnahme an Kunstausstellungen. Nach :m Abitur Donaufahrt mit dem Faltboot bis zum Schwarzen Meer. udium an den Kunstakademien in Dresden und München. Im Zweiten 'eltkrieg Kriegsberichter, ursprünglich Kriegsmaler, mit Einsätzen auf inenräumbooten, Zerstörern und U-Booten. Nach dem Krieg Grün- ıng einer Kunstgalerie und eines Kunstbuchverlags. In den fünfziger hren entsteht seine bedeutende Sammlung von Arbeiten der Maler des eutschen Expressionismus. 1973 erschien der Weltbestseller „Das oot“, danach die Bild-/Textband-Trilogie „U-Boot-Krieg“, „Die U- oot-Fahrer“, „Zu Tode gesiegt“, 1995 der Roman „Die Festung“, 2000 Der Abschied“ (alle Piper-Verlag).

othar-Günther Buchheim lebt gemeinsam mit seiner Frau in Feldafing n Starnberger See. Im Frühjahr 2001 wurde sein „Buchheim Museum er Phantasie“ in Bernried eröffnet.